RENOVANDO SENTIMENTOS & EMOÇÕES

EDITORA EME

Solicite nosso catálogo completo, com mais de 400 títulos, onde você encontra as melhores opções do bom livro espírita: literatura infantojuvenil, contos, obras biográficas e de autoajuda, mensagens espirituais, romances, estudos doutrinários, obras básicas de Allan Kardec, e mais os esclarecedores cursos e estudos para aplicação no centro espírita - iniciação, mediunidade, reuniões mediúnicas, oratória, desobsessão, fluidos e passes.

E caso não encontre os nossos livros na livraria de sua preferência, solicite o endereço de nosso distribuidor mais próximo de você.

Edição e distribuição

EDITORA EME
Caixa Postal 1820 - CEP 13360-000 - Capivari-SP
Telefones: (19) 3491-7000 | 3491-5449
Vivo (19) 9 9983-2575 | Claro (19) 9 9317-2800
vendas@editoraeme.com.br - www.editoraeme.com.br

RODRIGO MIRANDA

RENOVANDO SENTIMENTOS & EMOÇÕES

Capivari-SP
- 2021 -

A Editora EME mantém o Centro Espírita "Mensagem de Esperança" e patrocina, junto com outras empresas, instituições de atendimento social de Capivari-SP.

1ª reimpressão - setembro/2021 - de 2.001 a 2.500 exemplares

CAPA | Victor Benatti
PROJETO GRÁFICO E DIAGRAMAÇÃO | Marco Melo
REVISÃO | Editora EME

Ficha catalográfica

Miranda, Rodrigo, 1976
Renovando sentimentos e emoções / Rodrigo Miranda - 1ª reimp. set. 2021 - Capivari, SP: Editora EME.
160 p.

1ª ed. mai. 2021
ISBN 978-65-5543-055-4

1. Espiritismo. 2. Trabalhando sentimentos e emoções.
3. Textos motivacionais.
I. TÍTULO.

CDD 133.9

SUMÁRIO

INTRODUÇÃO

Os tempos são chegados. A Terra vive atualmente a fase de transição de mundo de provas e expiações para mundo de regeneração. Atingido o final de um ciclo, outro novo surge em seu limiar.

No mundo regenerado não haverá mais espaço para as construções doentias se manifestarem livremente, como nos tempos atuais. Será uma era de trabalho, era de renovação, de ação efetiva no bem, de pensamentos sadios e emoções equilibradas.

Para termos uma ideia deste período ao qual a nossa Terra se aproxima, basta lembrarmos dos heróis do amor que fizeram nome na humanidade: Francisco de Assis, Vicente de Paulo, Bezerra de Menezes, Chico Xavier, Eurípedes Barsanulfo, Teresa de Calcutá, Gandhi, Irmã Dulce. Esses são alguns espíritos que exemplificam o sentimento reinante no mundo regenerado.

A arte em suas manifestações será trabalhada para

o aprimoramento espiritual, tanto na música, como na pintura, na escultura ou no teatro.

Os trabalhos mais intelectuais e menos grosseiros terão como objetivo final o bem de todos, em que um auxiliará o outro e todos terão o necessário à vida, sem ninguém se privar do necessário.

A intuição e a inspiração ganharão sublime potência, pois vibrando em ondas de alta frequência, captaremos os pensamentos dos espíritos de elevada hierarquia provindos dos planos mais altos da vida.

As doenças com o tempo serão totalmente eliminadas, pois como a cada um será dado conforme suas obras, agindo no bem, com a consciência no bem, teremos ações dignificantes, colhendo reações positivas da própria vida. Os fluidos emitidos e também os assimilados por nós serão de superior natureza, operando em favor da saúde e do equilíbrio.

O corpo físico, que é energia condensada, pouco a pouco ganhará nova estrutura, mais etérea e harmônica, acompanhando o padrão de seu corpo espiritual, modelo organizador biológico.

A morte deixará de ter qualquer feição triste e de separação para ser um momento simples e belo, em que o desprender da alma poderá ser observado por todos os seres queridos e a certeza da continuidade da vida será concreta, pois os espíritos desencarnados estarão em permanente comunicabilidade com os que permanecerem encarnados.

O intercâmbio com os espíritos de outros orbes ocorrerá, bem como a troca de experiências dignificadoras. Tecnologias novas serão compartilhadas, visando o bem comum.

As preocupações do espírito serão a de ser útil ao próximo, de compreender cada vez mais as leis de Deus e vivenciá-las, em perene conexão divina.

Não caberá a nós, portanto, que almejamos permanecer nesta Terra regenerada, apenas aguardar de forma passiva o escoar do tempo e, sim, aproveitarmos a presente existência para desenvolvermos condições espirituais para nossa continuidade neste planeta; termos frequências vibratórias compatíveis com a sintonia do mundo regenerado; sermos elementos agregadores e não de desordem, num mundo que será de felicidade e paz.

Aproveitar os dias atuais para empreender uma nova construção, substituir os sentimentos doentes e cristalizados em nossa intimidade, por novas construções evangelizadas; nos reconectar a Deus, passando a efetuar escolhas com responsabilidade espiritual, aquela que reflete nas consequências do ato.

Momento oportuno para fixarmos novas memórias identificadas com o pensamento de Jesus. Identificarmos de forma clara os nossos pontos vulneráveis, responsáveis por tantas quedas e lágrimas e convertê-los em virtudes.

Obviamente grandes esforços serão necessários, dedicação contínua, perseverança ativa, mas a recompensa valerá todas as lágrimas e suores derramados, pois nossa fé e força espiritual serão inabaláveis, dignas dos primeiros cristãos que iam aos circos cantando e dando glórias a Jesus pelos testemunhos possíveis.

Temos nestes dias uma oportunidade de valor incalculável e aproveitá-la será a possibilidade de caminharmos não mais à sombra de Jesus, e sim ao seu lado.

O tempo urge e não mais o teremos demasiado.

Jesus conta conosco.

Avante, pois!

Capítulo 1

A AMBIÇÃO E SUAS FACES

Mas Deus lhe disse: Insensato, esta noite te pedirão a tua alma; e o que tens preparado, para quem será?

Lucas, 12:20

A CONSTRUÇÃO DA intimidade do homem na Terra, ao longo dos milênios, tem sido marcada pelo materialismo, sentimento muito forte que ainda nos aprisiona a este planeta.

Seduções pelo "ter" em detrimento do "ser". Ter poder, ainda que transitório, prestígio social e político, ainda que passageiro, angariar fama, reconhecimento, bens materiais. As vibrações íntimas são de natureza embrutecida e ainda materializada; ondas longas, de baixa frequência vibratória ainda predominam e este clima psíquico nutre a maior parte das mentes que se encontram em desalinho.

A grande questão a ser analisada é o sentimento que vigora no processo do ambicioso. Os grandes espíritos alimentavam uma nobre aspiração: Gandhi na busca pela paz, Bezerra de Menezes a da igualdade e justiça social, desenvolvendo um projeto, quando era político no Rio de Janeiro, de como poderíamos acabar com a escravidão sem danos para a nação; Chico Xavier o amor, a ponto de afirmar que se tivesse a autoridade necessária colocaria em cada cidade a frase de Jesus: amarás ao teu próximo como eu vos amei.

Esta é a nobre ambição, ainda distante, mas não impossível.

Ela pode se apresentar com mesclas, em que o bem serve de pano de fundo. Em *O Livro dos Espíritos*, na pergunta 902, Allan Kardec questiona os espíritos imortais sobre a questão de se cobiçar a riqueza com o objetivo de utilizar-se para o bem os recursos, ao que os benfeitores respondem que se deveria analisar se em primeiro lugar não estariam a autossatisfação, o interesse pessoal; havendo mescla de sentimentos a pureza de intenção já estaria condenada. Qual a nossa ambição?

O indivíduo que estuda seu planejamento reencarnatório analisa em profundidade sua intimidade, identifica suas necessidades e desejos e faz escolhas equilibradas espiritualmente.

Numa reflexão, indaga-se:

Para que ambiciono a riqueza material?

O que possuo é o suficiente para meus compromissos nesta existência?

Quero conquistar bens materiais para nutrir minhas vaidades?

Almejo cargos superiores em meu trabalho profissional para que os outros me exaltem e aplaudam?

Procuro auxiliar meu colega de trabalho ou me preocupo se ele irá se destacar mais do que eu através da ajuda recebida?

Jesus, na parábola do rico insensato (Lucas, 12:16), oferece profundos ensinamentos sobre nossas preocupações materiais.

Apresenta um homem rico cuja região de plantio produziu abundantemente e por isso desejava derrubar os seus celeiros e construir outros maiores. "Mas disse-lhe Deus: Insensato! Nesta noite, requisitam a tua alma de ti; e o que preparastes para quem será?" Assim é o que entesoura para si mesmo, mas não está enriquecendo para Deus.

Desejou Jesus nos recordar da brevidade da vida física, da fragilidade orgânica que possuímos e que somos seres espirituais temporariamente num corpo.

Nosso tempo de permanência aqui, por melhor cuidemos de nossa saúde e sejamos previdentes, não está em nossas mãos e o mundo normal primitivo é o espiritual[1].

1. KARDEC, Allan. *O Livro dos Espíritos*. 93ª edição. FEB, 3ª reimp. (Edição Histórica) - 2017. Questões 84 a 87

Para o plano espiritual não levaremos nada do que pertence a este mundo, onde tudo é transitório.

O cargo que possuímos é uma simples ficha de trabalho; nossas posses são responsabilidades assumidas em caráter de usufruto e delas prestaremos rígidas contas; o que será avaliado serão as lágrimas que enxugamos, as esperanças que espalhamos, os caídos que edificaram uma nova vida através de nosso apoio e exemplo. Tenhamos recursos, mas que o possuidor das posses não seja pelas posses possuído.

O espírito Joanna de Ângelis afirma:

> Não ambiciones demasiadamente... A ambição desmedida enlouquece, quando já não infelicita antes. Cuida de lutar pelo necessário, repartindo o que te exceda, certamente, fazendo falta a outros[2].

Em visitas a lares paupérrimos, de chão batido, com infiltrações nas paredes e goteiras, onde residem várias crianças desnutridas podemos ver como o Senhor da Vida muito nos ofertou...

Ao conversar com um pai de família analfabeto, migrante, desempregado, com a responsabilidade de cuidar de uma prole numerosa já com os cabelos esbranquiçados, podemos constatar como a misericórdia divina

---

2. FRANCO, Divaldo P., Joanna de Ângelis, espírito. *Vida feliz*. LEAL, 4ª ed. 1994. Capítulo VII - pág. 14.

nos visitou, pois talvez não tivéssemos recursos íntimos para vencer uma provação igual a esta ainda.

Ao conversar com um moribundo, nas vascas da agonia e da morte, muitos dariam tudo o que possuem materialmente para poder amar mais....

Diante da ambição então, meditemos nas palavras de nosso amigo Jesus (Lc 12:22-34):

> E disse aos seus discípulos: Por isso, eu vos digo: Não vos inquieteis pela vida, com o que comereis; nem pelo corpo, com o que vestireis. Pois a vida é mais que o alimento, e o corpo mais que a veste. Observai os corvos que não semeiam nem ceifam; os quais não têm despensa nem celeiro, mas Deus os alimenta. Quanto mais valeis vós do que as aves? Qual dentre vós pode, inquietando-se, acrescentar um côvado à sua estatura? Portanto, se não podeis o mínimo, por que vos inquietais a respeito do restante? Observai os lírios como crescem! Não labutam nem fiam. Eu, porém, vos digo que nem Salomão, em toda sua glória, vestiu-se como um deles. Se a erva do campo, que hoje existe e amanhã é lançada ao forno, Deus assim as veste, quanto mais a vós, homens de pouca fé. Também vós, não indagueis o que comer, o que beber; não estejais inquietos. Pois estas coisas as nações do mundo buscam, mas vosso Pai celestial sabe que necessitais

disto. Todavia, buscai primeiramente o Reino dele, e estas coisas vos serão acrescentadas. Não temais, pequeno rebanho, porque vosso pai se compraz em vos dar o Reino. Vendei os vossos bens e dai dádiva. Fazei para vós bolsas que não envelhecem, um tesouro inesgotável nos céus, onde os ladrões não se aproximam, nem a traça destrói. Pois onde está o vosso tesouro, ali estará também o vosso coração.

Capítulo 2

SUPERANDO A ANSIEDADE

Não vos inquieteis, pois, pelo dia de amanhã; porque o dia de amanhã cuidará de si mesmo. Basta a cada dia o seu mal.

Mateus, 6:34

NAS AGITAÇÕES E exigências do mundo moderno, consome-se a mente humana nos processos de ansiedade, geradores de inquietude e perturbações variadas.

Motivado em grande parte pela insegurança e falta de fé - em Deus e em si mesmo - segue o homem indagando-se sobre o amanhã.

Questionamentos variados são levantados pelo ansioso que sofre sem resolvê-los. É comum perguntas do tipo:

Até quando terei saúde? E meus familiares?

Meus filhos conseguirão estudar? Terão bom emprego?

Viverei para ver meus netos?

O desemprego visitará meu lar?

Quando resolverei estes problemas que enfrento?

E de tal maneira tais questões se multiplicam e ficam cada vez mais frequentes que levam o ansioso a verdadeiras crises, devidamente categorizadas por crises de ansiedade ou, em estado máximo, como crises de pânico, exigindo a necessidade de medicação específica de profissional especializado, o psiquiatra.

Tal quadro, no entanto, não se registra somente nos dias atuais, pois foi identificado por Jesus, há dois milênios.

Percebeu o Mestre que muitos de nós vivemos preocupados com o amanhã, sem viver o hoje. Esquecemos que o futuro dependerá exatamente das ações atuais. Vejamos:

Se não prepararmos o solo hoje, amanhã não semearemos.

Sem semeadura, não haverá frutificação.

Sem os frutos, onde há colheita?

Não se trata, portanto, de acomodação e sim de trabalho árduo que permita à nossa consciência a certeza de estarmos fazendo o nosso melhor na atualidade. Agindo de tal forma somente receberemos aquilo que precisamos e merecemos receber, pois a cada um será dado conforme suas obras, disse Jesus.

Cada um de nós possui um planejamento reencarnatório que abrange as principais áreas de nossa movimentação no planeta, como família, religiosidade, profissão, meio social e os desafios a superar em cada uma delas. Estar alinhado ao nosso planejamento propiciará serenidade ao ser.

As ansiedades devem ser estudadas em sua origem.

Qual sentimento meu as aciona? Deveremos indagar.

Ela está relacionada a desejos materiais? Medos? Remorsos? Solidão? Ressentimentos? Muitas vezes falta-nos a coragem e a fé viva para identificarmos nossos conflitos e trabalharmos para sua superação. Devemos aceitar que já falhamos e nos desviamos do caminho, mas é fundamental o trabalho para nossa renovação, voltando o mais rapidamente possível para a estrada reta, que nos conduz a Jesus.

Importante fortalecer que as mentes em desalinho, com suas baixas frequências vibratórias, carreiam em si fluidos perniciosos que se imantam ao corpo espiritual. Tais fluidos, se não debelados pelo processo de renovação, acabam por serem somatizados pelo corpo orgânico, desestruturando-o.

A medicação, alopática ou homeopática irá com o tempo reequilibrar o corpo denso, mas a cura efetiva do ansioso dependerá da regeneração do próprio sentimento doente, ou seja, de sua cura espiritual.

Necessário ressaltar que a ansiedade natural de uma expectativa que tenhamos, como um amigo que nos visitará e o aguardamos, uma viagem que iremos fazer e nos programamos, um evento que participaremos, uma fala em público é totalmente normal e até saudável. A exacerbação é que passa a ser perturbadora. Tremedeiras, sudorese excessiva, palpitações, enjoos, náuseas, diarreias decorrentes deste estado já demonstram um tormento, algo aflitivo. Poderá o indivíduo, no entanto, com determinação e perseverança superar este estado, obtendo pleno êxito.

O espírito Joanna de Ângelis destaca que:

> As aflições defluentes da ansiedade podem ser erradicadas, portanto, graças aos cuidados especializados, adicionados à aplicação da bioenergia por meio de passes e da água fluidificada, que restauram o campo vibratório e revitalizam as células. Outrossim, o hábito da oração e o cultivo dos pensamentos dignificadores são o coroamento do processo curativo para o encontro da saúde e da paz".[3]

3. FRANCO, Divaldo P., Joanna de Ângelis, espírito. *Conflitos existenciais*. LEAL, 6ª ed. 2014. Capítulo 8, pág. 70.

Capítulo 3

CIÚMES

Ou cuidais vós que em vão diz a Escritura: O espírito que em nós habita tem ciúmes?

Carta de Tiago, 4:5

O CIÚME RETRATA o atraso moral e o apego do indivíduo a um bem material, a uma posição na sociedade, a um cargo transitório, podendo manifestar-se inclusive em relação a outrem.

Tornou-se comum afirmar-se também que num relacionamento deve haver o ciúme e que a falta deste implicaria num ato de desamor, numa frieza afetiva. Tal ideia demonstra-se, na prática, equivocada e perturbadora.

Quando procuramos o significado da palavra ciúme, temos que a mesma se origina do latim "zelumen", de zelus, que vem do grego "zêlos" e que significa "cuidado".

O ciúme é o cuidado excessivo e desequilibrado, fruto das paixões inferiores presentes na alma humana não identificada ainda plenamente com o Criador.

O espírito Joanna de Ângelis, através de Divaldo Franco afirma:

> O ciumento, inseguro dos próprios valores, descarrega a fúria do estágio primitivista em manifestações ridículas, quão perturbadoras, em que se consome. Ateia incêndios em ocorrências imaginárias, com a mente exacerbada pela suspeita infeliz, e envenena-se com os vapores da revolta em que se rebolca, insanamente.
>
> Desviando-se das pessoas e ampliando o círculo de prevalência, o ciúme envolve objetos e posições, posses e valores que assumem uma importância alucinada, isolando o paciente nos sítios da angústia ou armando-o com instrumentos de agressão contra todos e tudo. O ciúme tende a levar sua vítima à loucura.[4]

Mas, como identificar se temos este tormento? Vejamos alguns exemplos:

Cuidar de nossa casa para que ela esteja em condições de ser uma moradia digna é necessário; ter, no en-

4. FRANCO, Divaldo P., Joanna de Ângelis, espírito. *O ser consciente.* LEAL, 16ª ed. 2014. Capítulo 18, pág. 82.

tanto, a mente fixa na residência, supervalorizá-la, não se imaginar sem a mesma, sofrer com a ideia de deixá-la pelo advento da morte é perturbador.

Zelar pelo bem-estar de nosso cônjuge e da nossa família é fruto do sublime amor; não admitir, porém, que eles conversem com outras pessoas sentindo-se desprestigiado, coibir a liberdade que todos possuem de fazer as próprias escolhas, sentindo-se menosprezado por não ter sido consultado, atentar contra o direito de ir e vir com receio de traições, enquadram-se em atitudes que refletem um comportamento castrador e desequilibrado, uma verdadeira obsessão de encarnado para com outro encarnado.

No ambiente profissional, ter o reconhecimento dos superiores hierárquicos através de uma promoção de cargo é sem dúvida motivador estímulo à perseverança; apegar-se ao cargo transitoriamente ocupado como se ele fosse perdurar para sempre, menosprezar os demais colaboradores da instituição à qual se presta o serviço considerando-os inferiores ou menos inteligentes e capacitados por ocuparem cadeiras menos expressivas ou por estarem numa posição subalterna, sentir-se ameaçado no cargo pelos bons trabalhos apresentados pelos demais profissionais, buscando não raro desmerecê-los ou vitimá-los através da maledicência são indícios efetivos de sentimentos doentes pedindo renovação.

Quais sentimentos atuam em nossa intimidade para

despertar tais reações? Podemos citar primordialmente o egoísmo, abastecido pela vaidade, insegurança, medo e pelo materialismo. São vibrações de baixa frequência, geradora de fluidos densos e doentios.

Como vencer o ciúme?

Instrui o espírito Emmanuel através da mediunidade de Chico Xavier, que:

> O homem somente vencerá a golpes de muito esforço, na oração e na vigilância, de modo a enriquecer o seu íntimo com a luz do amor universal, começando pela piedade para com todos os que sofrem e erram, guardando também a disposição sadia para cooperar na elevação de cada um.[5]

Poderemos nos perguntar como pode a piedade contribuir para transformar o sentimento de ciúme que possuímos. Importante entender que a piedade é o sentimento que nos leva a ter compaixão pelo nosso próximo, mas é tão dinâmica, que nos faz estender recursos e meios para aliviar as dores desse irmão, para asserenar seu coração oprimido e suavizar suas dores físicas ou morais.

Conhecendo a realidade da dor passamos a modificar nossos conceitos sobre o "ter" e o "ser", sobre o

---

5. XAVIER, Francisco Cândido. Emmanuel, espírito. *O Consolador*. FEB – 16ª ed. 1993. Pergunta 183.

nosso papel no mundo, sobre o que é a real felicidade, sobre a importância das coisas simples, enfim, da importância de melhorar nossos sentimentos e evoluir espiritualmente. Neste exercício constante, ao longo do tempo, passamos a diminuir a vibração de apego aos bens transitórios dando somente a importância devida e justa aos mesmos. Passamos a conceber claramente que somos usufrutuários dos recursos fornecidos pela Providência Divina e que devemos aproveitar tais concessões para usar em benefício do próximo e que devolveremos ao Senhor da Vida tudo o que à Terra pertence, levando somente nossa inteligência, conhecimentos e valores morais adquiridos.

Como esta visão, como sentir ciúmes se nada possuímos de material, se até o nosso corpo físico é um empréstimo, se o próximo não nos pertence, sendo um espírito também em evolução, com suas construções positivas e negativas?

Como bem asseverou o apóstolo Tiago, em sua carta, o ciúme ainda habita nossos sentimentos, mas procuremos agora, nesta era nova que se inicia, a renovação necessária.

Não deixemos de solicitar apoio ao nosso mentor espiritual e a Jesus, para alcançarmos a cura desta doença da alma, que muito pode prejudicar nossos passos na presente reencarnação, mas que ao ser superada nos fará avançar mais rapidamente à Luz.

Capítulo 4

DIANTE DA CÓLERA

Toda a amargura, e cólera, e ira, e gritaria, e blasfêmia sejam tiradas dentre vós, bem como toda a malícia.
Epístola de Paulo aos Efésios, 4:31

A CÓLERA CONSTITUI-SE num impulso desequilibrado e autodestrutivo da alma humana, herança selvagem dos tempos primitivos, manifestação do orgulho fortemente ferido e contrariado.

Importante refletirmos quando e em quais situações ela se apresenta em nós.

Instala-se, às vezes, sem que ninguém mais a perceba, mas já deixou em nosso ambiente fluídico venenosas vibrações, danosos fluidos que nos alimentam de forma deletéria gerando – ao longo do tempo – a somatização que ocasiona doenças e desequilíbrios no corpo físico.

Além disto, acabamos por atrair, pela lei de afinidade, companhias espirituais que se vinculam nestas mesmas faixas vibratórias.

Pode a cólera surgir de forma inesperada no trânsito, quando outro motorista distraído ameaça nossa segurança; ao defendermos uma ideia e outro a rebate, principalmente com bons argumentos, diante de ordens ou reprimendas de nossos superiores hierárquicos, nos trabalhos profissionais que nos competem; pode surpreender-nos quando em frente à televisão ou jornal nos deparamos com notícias desagradáveis relacionadas a roubos, corrupções, crimes e violências.

Variadas vezes tem ela como estopim questiúnculas cotidianas, como a roupa malpassada, o tempero exagerado, a pedra em meio ao arroz, o atraso do ônibus, o choro da criança, a fila do banco, a chuva em demasia, o sol abrasante...

Por que nossa intimidade ainda possui estes "surtos de demência passageira", cujos resultados são tão sérios e graves tanto para nós como para o próximo que sofre os efeitos destrutivos desta nossa ação infeliz?

Por que permitir um desequilíbrio deste nível, que possivelmente produzirá males maiores ainda? Fiquemos atentos a estas pequenas questões para que, a partir delas, não tenhamos a ampliação do mal como assevera a benfeitora Joanna de Ângelis:

> À semelhança de um incêndio que pode começar numa fagulha e trazer prejuízos incalculáveis pela sua extensão, a raiva também pode ser ateada por uma simples insinuação de pequena monta, transformando-se em vulcão de cólera destruidora, que avassala.[6]

Se identificamos a presença da cólera em nós, procuremos refletir quais são os nossos pontos vulneráveis que alimentam e mantêm esta chama. Por que tenho me irritado? Por que a opinião alheia ainda tanto me incomoda? Por que as coisas devem ser feitas segundo meu modo de ver as situações? Por que todos devem se dobrar perante minhas decisões? Por que quero ser privilegiado?

Possivelmente ao refletirmos encontraremos o veneno da mágoa, do orgulho ferido, da vaidade e da impaciência alimentando meus acessos de fúria.

Diante disto, uma nova vibração de mansuetude e paciência deve ser construída, através do esforço diário e do trabalho no bem, enfatizando a visita fraterna junto aos idosos e enfermos nos hospitais, onde trabalharemos a piedade e a paciência.

Recordemos que o apóstolo dos gentios, em carta dirigida aos efésios, nos recomendou que tirássemos

---

6. FRANCO, Divaldo P., Joanna de Ângelis, espírito. *Conflitos existenciais*. LEAL, 6ª ed. 2014. Capítulo 2, págs. 24 e 25.

de nossa intimidade vários sentimentos perturbadores e adicionou a cólera entre eles, sabedor que era de que somente um espírito manso e pacífico possui suficiente controle de si mesmo independente das situações e dos testemunhos.

Capítulo 5

LIBERTANDO-SE DA CULPA

Disse-lhes Jesus: "Se fôsseis cegos não teríeis pecado; agora, porém, que dizeis 'vemos', permanece o vosso pecado".

João, 9:41

EM *O LIVRO dos Espíritos*, na questão 621, os espíritos nobres informam ao codificador do espiritismo Allan Kardec, que a Lei de Deus está escrita na consciência do indivíduo. Será justamente por isso que ninguém conseguirá fugir de si mesmo, de seus atos, de suas escolhas e atitudes, de seus sentimentos e pensamentos.

Toda ação do espírito é registrada pela consciência que o libera para voos mais altos ou o aprisiona nas teias escuras dos complexos de culpa, fazendo-o manter-se nas zonas intrincadas do remorso.

Quanto maior a compreensão das leis espirituais e

da verdade que as cerca, maior o grau de responsabilidade e consequentemente da cobrança que o espírito se impõe diante da vida.

Advertiu-nos Jesus (Lucas 12:48):

> A todo aquele que muito foi dado, muito lhe será requerido; e ao que muito foi confiado, ainda mais lhe será pedido.

Um grande exercício a empreender é o de analisarmos as questões do ponto de vista espiritual, de efetuarmos nossas escolhas verificando as implicações espirituais para nossas existências e não somente as exigências materiais. Diante de uma decisão a tomar, uma opinião a emitir, de um caminho a escolher, questionemos:

– Quais as consequências desta minha escolha? Quais os resultados espirituais que terei? O que estou prestes a fazer fere os princípios da caridade e do amor ao próximo? Se visse outra pessoa tendo esta atitude qual seria minha impressão? Esta atitude está em harmonia com meu planejamento reencarnatório?

Estas reflexões auxiliarão em nossa tomada de decisões, para que sejam mais assertivas, pois foram refletidas e analisadas, minimizando as possibilidades de quedas e dores consciênciais.

Ainda hoje o servo invigilante pode tentar comprar a paz de sua consciência através da posse ilusória de bens materiais, de viagens sem fim, de compras insaciáveis, da aprovação de terceiros, da fantasia do poder. Doutras vezes, o remorso pode fazê-lo cair no desânimo, gerando a fuga do trabalho no bem, alegando a própria incapacidade de servir, pode distanciá-lo do lar julgando-se não merecedor desta dádiva, pode fazer com que se ausente da casa espírita sem coragem de enfrentar a si mesmo diante do evangelho. Pouco a pouco o indivíduo imprevidente vai se distanciando de Deus, ou seja, das buscas espirituais, considerando-se réprobo, sem saída. Tais ações acabam apenas por adiar o encontro inevitável com a verdade e com a necessidade de reabilitação. Isto porque nossa consciência somente nos liberará quando tivermos pago ceitil por ceitil do que devemos, quando nos arrependermos da atitude equivocada e necessariamente repararmos a falta.

O melhor caminho para a recuperação íntima é a mudança de conduta, a construção de um novo sentimento, de uma reorganização mental e do trabalho ativo do bem. Exemplifiquemos:

Suponhamos um casal que tenha cometido um aborto voluntário, guardando a consciência eivada de culpa. Por mais que tentem, este fato não os deixa em paz. Eles não voltarão atrás mudando a situação efetivada; não anularão a ação nefasta, mas, sem desculpismos injustificáveis para a tentativa de fuga, poderão assumir uma nova conduta íntima, de elevado teor.

Compreendendo as emoções que os fizeram cair, propõem-se à renovação. Começam a trabalhar voluntariamente numa creche ou casa transitória que abriga crianças órfãs, de forma regular, constante. Procuram ver na criança ali abandonada um filho seu e se dedicam com afeto, atenção e carinho. Procuram dar assistência e a dialogar com mães e pais que querem adotar uma criança e não conseguem por exigências da lei ou por condições do momento e dão-lhes forças para não desistir; conversam tentando dissuadir casais ou pessoas que almejam abortar, contando inclusive a própria experiência se necessário, já fazendo a própria catarse de forma terapêutica e não autopunitiva ou autopiedosa. Passam a fazer preces pelo espírito de seu filho abortado, vendo-o, como um ser imortal que não foi desintegrado e que continua vivo e, se puderem ainda, num arroubo de ideal adotam uma criança abandonada... a própria consciência ofertará o ósculo do perdão.

Se pudéssemos quantificar, suponhamos que o aborto gerasse mil pontos negativos para este casal, mas cada carinho, cada boa palavra empregada, cada sentimento nobre direcionado valesse dez pontos positivos. Após muito trabalho renovador, seria capaz de anular a dívida contraída. Por isso afirmou Simão Pedro (I Pedro 4:8), que o "amor cobre as multidões de nossas faltas". O amor tem a capacidade de nos redimir perante nossa consciência.

A benfeitora Joanna de Ângelis elucida:

> Todas as criaturas cometem erros, alguns de natureza grave. No entanto, não têm por que desanimar na luta, ou abandonar os compromissos de elevação moral.
>
> O antídoto para a culpa é o perdão. Esse perdão que poderá ser direcionado a si mesmo, a quem foi a vítima, à comunidade, à Natureza.
>
> Desde que a paz e a culpa não podem conviver juntas, porque uma elimina a presença da outra, torna-se necessário o exercício da compreensão da própria fraqueza, para que possa a criatura libertar-se da dolorosa injunção.
>
> A coragem de pedir perdão e a capacidade de perdoar são dois mecanismos terapêuticos liberadores da culpa.
>
> Consciente do erro, torna-se exequível que se busque uma forma de reparação, e nenhuma é mais eficiente do que a de auxiliar aquele a quem se ofendeu ou prejudicou, ensejando-lhe a recomposição do que foi danificado.[7]

Há ainda a registrar os casos onde o indivíduo sente a culpa em toda a sua força, embora a presença da

7. FRANCO, Divaldo P., Joanna de Ângelis, espírito. *Conflitos existenciais.* LEAL, 6ª ed. 2014. Capítulo 6, pág. 54.

mesma seja inconsciente, sem que na presente existência algo tivesse feito que a justificasse.

Para estes casos a nobre mentora Joanna de Ângelis novamente esclarece:

> Tratando-se de culpa que remanesce no inconsciente, procedente de existência passada, a mudança de atitude em relação à vida e aos relacionamentos, ensejando-se trabalho de edificação, torna-se o mais produtivo recurso propiciador do equilíbrio e libertador da carga conflitiva.
>
> Ignorando-se-lhe a procedência, não se lhe impede a presença em forma de angústia, de insegurança, de insatisfação, de ausência de merecimento a respeito de tudo de bom e de útil quanto sucede... Assim mesmo, o esforço em favor da solidariedade e da compaixão elabora mecanismos de diluição do processo afligente.[8]

A doutrina espírita, quando refletida e analisada intimamente, quando utilizada para a melhoria de nossas vidas, contribui profundamente para evitarmos estas quedas desastrosas que tanto prejuízo nos acarretam e, por mais que esta ou aquela pessoa, esta ou aquela lei afirme que estamos corretos ou não, somente a nos-

---

8. Idem, pág. 55.

sa consciência é que nos liberará ou nos manterá cativos em cada pensamento emitido, palavra verbalizada e ação efetivada na nossa existência. Por isso afirmou Paulo, o grande apóstolo, na sua primeira carta aos coríntios (capítulo 6, versículo 12): *Tudo me é permitido, mas nem tudo me convém.*

Capítulo 6

DESESPERO

E tendo ele atirado para dentro do santuário as moedas de prata, retirou-se, e foi enforcar-se.

Mateus, 27:5

ONDE HOUVER DESESPERO, que eu leve a esperança!

É assim que Francisco de Assis, o doce Poverello, canta em sua prece, verdadeiro hino para conquista da própria paz.

O desespero é a falta de esperança, é a angústia gerada pela ideia de que não haverá alternativa positiva para a aflição vivenciada. Muitas vezes ele se apresenta diante de quadros que representam difíceis provas e testemunhos, como uma doença grave, a desencarnação de um ente amado, uma desilusão sentimental, um problema econômico, sempre graduando tal situação à capacidade moral de enfrentamento daquele que vive tal experiência. Como somos espíritos em marcha evolutiva, há aqueles que diante de cruéis padecimentos mantêm-se serenos, enquanto que outros, por problemas corriqueiros, desesperam-se.

O conhecimento da lei de causa e efeito e do próprio planejamento reencarnatório sustenta o espírito no período de lutas, que todos em maior ou menor intensidade devem suportar. Saber com Jesus que cada um receberá conforme suas obras, que ninguém sofre, portanto, sem merecer, nos faz padecer com um sentimento de obediência à lei de Deus, que é o amor; a ter na obediência o consentimento da razão, conforme nos ensina *O Evangelho segundo o Espiritismo* (capítulo 9, item 8).

Passa o indivíduo então a esperar, de forma ativa, ao invés de desesperar-se. Mas como esperar dinamicamente? Agindo no bem, procurando desenvolver sentimentos que forneçam segurança íntima e serenidade d'alma, iniciando construções que darão sustentação nas épocas de invernias e tempestades, aguardando assim a resposta da própria vida, que nos oferecerá aquilo que precisamos e merecemos.

Vejamos que claramente surge a falta de fé naquele que se desespera. Falta a confiança em si e em Deus, não encontrando forças que lhe possibilitem a serenidade interior, muitas vezes por não acreditar em seu potencial de resistência e de realização.

Deveremos ter muito cuidado com nossas escolhas,

na utilização do nosso livre-arbítrio para não criarmos situações graves em torno dos nossos destinos. Cada ação irá gerar uma reação, pois a sementeira é livre, mas a colheita, obrigatória.

É o que aconteceu com Judas. Após o ato da traição a Jesus, ao constatar a prisão e a condenação do Mestre, vai até os mesmos que com ele haviam tramado a sanha terrível devolvendo, compungido, as trinta moedas de prata aos anciãos dizendo:

> Pequei, traindo o sangue inocente. Eles, porém, disseram: Que nos importa? Seja isto lá contigo (Mateus, 27:4).

Sem enxergar mais solução para o caso, considerando sua falta imperdoável, esquecendo-se dos conselhos daquele que sempre convidava o homem equivocado a regenerar-se, tomado de desespero incontrolável, enforcou-se.

Quantas pessoas agem desta maneira? Acostumadas a olhar sempre o pântano não logram observar o céu estrelado, observadoras da escuridão esquecem que a madrugada acaba por vencer as trevas.

A misericórdia divina abriria variadas portas para a reabilitação da consciência culpada de Judas que somente agravou sua situação procurando o caminho enganoso do suicídio, que nada resolve, mas somente amplia incomensuravelmente os tormentos trazidos n'alma.

Por comparação vejamos o exemplo do apóstolo Pedro, que também traindo o Messias, negando-o três vezes antes que o galo cantasse duas vezes, também entrou em remorsos dolorosos que, no entanto, encontraram refrigério através do trabalho no bem junto à Casa do Caminho, instituição fundada para abrigar os sofredores em nome do divino amigo Jesus.

Sigamos este exemplo e para cada indivíduo tombado em sofrimento que a vida traga diante de nós, que nossa palavra e nossa atitude possam ser um alívio oferecendo apoio moral, esperança, consolo, paz íntima e estaremos trabalhando para nossa própria reabilitação, quitando junto à consciência os débitos contraídos no passado próximo ou mais distante. Sejamos como o homem de bem, que não perde uma oportunidade de se fazer útil ao próximo.

Desta forma, não nos desesperemos e sim esperemos confiantes e ativos no bem os caminhos que a espiritualidade franqueia a todos aqueles que se tornam merecedores de tal alvitre, lembrando também com o espírito Emmanuel, através de Chico Xavier *que para aqueles que trabalham na Seara do Bem, o Senhor, por seus mensageiros, envia sempre o socorro antes que a necessidade apareça.*[9]

A morte surgiu ceifando a vida de um ente querido? Somos imortais!

---

9. XAVIER, Francisco Cândido. Emmanuel, espírito. *Neste instante*. GEEM, São Bernardo do Campo-SP. Capítulo "Necessidade e socorro".

Nunca mais o veremos? Todos somos médiuns e poderemos nos encontrar através do desdobramento natural do sono.

A doença apareceu tirando-nos a tranquilidade? Período de provas regeneradoras para o espírito!

Perda financeira? Nem só de pão vive o homem!

A família está perturbada? Ama o próximo como a ti mesmo e cumpre o teu dever!

O pensamento está em trevas? Socorro na prece inspiradora!

Afirma Joanna de Ângelis:

> Quando o desespero de qualquer forma circunde a casa mental e o departamento emocional da criatura, cabe-lhe, na dificuldade de discernimento ou de dor em que se encontre abrir-se à prece e pedir amparo a Deus, tocando-se de luz, porquanto tudo obterá e concedido lhe será o que pedir.[10]

Lembremo-nos que "somos deuses" e dormita em nós uma força imarcescível capaz de transformar as situações em torno dos nossos passos.

Querer é poder! Não há situação negativa que com a força da vontade no bem não seja transformada.

---

10. FRANCO, Divaldo P., Joanna de Ângelis, espírito. *Jesus e o evangelho à luz da psicologia profunda.* LEAL, 5ª ed. 2014. Capítulo 35, pág. 165.

Capítulo 7

DÚVIDA

Peça-a, porém, com fé, em nada duvidando; porque o que duvida é semelhante à onda do mar, que é levada pelo vento, e lançada de uma para outra parte.

Tiago, 1:6

EM VARIADOS MOMENTOS de nossas vidas poderemos nos deparar com as dúvidas, surgindo-nos de variadas formas e em diferentes situações.

Escolhas a fazer, caminhos a trilhar, pessoas com quem se relacionar, profissões e trabalhos a desenvolver.

A dúvida pode ser gerada por um processo de fuga da realidade, que não queremos enfrentar, seja pelo medo ou pela tendência a procrastinar a construção de valores morais. Não é fácil tomar nosso fardo de sentimentos doentes e seguirmos o caminho correto com o Cristo, que alivia a carga quando optamos pelo amor e pela caridade.

Diante de tantos ilusórios convites que o mundo nos apresenta, não nos esqueçamos de consultar Jesus, ouvindo-o na acústica da alma a nos orientar, para que não nos percamos nos labirintos de nossas paixões e fraquezas.

Joanna de Ângelis, adverte:

> Quando estiveres em dúvida, resolve pela atitude menos prejudicial ao próximo e a ti próprio. Evita arriscar-te e arruinar outras pessoas.
>
> Age em serenidade, certo de que o teu gesto repercutirá nas demais pessoas, de acordo com a emoção e o conteúdo de que se revista.[11]

Analisar o que se passa em nosso íntimo, refletir em nosso planejamento reencarnatório, em nossas necessidades espirituais e finalmente decidir com Jesus, será este um caminho seguro para a tomada correta de decisões. Por mais que nossa enfermidade moral nos atraia para as soluções imediatistas e para os caminhos da fuga das responsabilidades, tenhamos a certeza de que decisão ideal a seguir - nem sempre fácil e quase sempre repleta de lutas e percalços - se manifestará ao indagarmos à própria consciência:

- O que faria Jesus?

11. FRANCO, Divaldo P., Joanna de Ângelis, espírito. *Vida feliz*. LEAL, 4ª ed. 1994. Capítulo VI, pág. 13.

Capítulo 8

VITÓRIA SOBRE O EGOÍSMO

...descia pelo mesmo caminho certo sacerdote; e vendo-o, passou de largo.

Lucas 10:31

SE ANALISARMOS A etimologia da palavra egoísmo, encontraremos "ego" (eu) mais "ismo" (sistema), surgindo o "sistema do eu", característica do indivíduo em tratar primeiramente de seus interesses e necessidades, deixando as do seu próximo em plano secundário.

Herança dos reinos primitivos, onde estagiou o princípio inteligente e prevalecia a lei do mais forte, mantém-se ainda arraigado à intimidade humana, sendo a origem de tantos males individuais e coletivos que ainda identificamos no mundo.

A fome, a guerra, a corrupção, o crime e a miséria social têm origem no egoísmo. O aborto, o suicídio, a vingança, a vaidade, a ambição desenfreada, igualmente se alimentam em sua fonte.

Importante será sondar nossa intimidade e identificar o que o fortalece em nós. Esta análise pode se iniciar a partir das simples situações cotidianas:

Em nossos lares, quando devemos tomar uma decisão, levamos em conta a opinião das demais pessoas, como em qual restaurante ir, para onde viajar, quais enfeites adquirir, qual a melhor forma de desenvolver este ou aquele serviço ou procedimento? Interesso-me pelas dificuldades íntimas de meu cônjuge, procuro ouvir seus dramas íntimos com real interesse em auxiliar? Exijo imediata atenção do próximo, quando julgo necessário falar de algo que está ocorrendo comigo? Fico irritado quando esta atenção não ocorre?

No ambiente profissional nos incomoda o êxito dos colegas de trabalho?

Reconhecemos quando um trabalho desenvolvido por outrem se apresenta melhor que o desenvolvido por nós? Auxiliamos nosso próximo através de conhecimentos que já possuímos, mesmo com o risco de um maior destaque para ele na tarefa a desempenhar? Quando percebo que outro detém maior conhecimento em determinada área, atraindo maior atenção dos superiores hierárquicos, sinto inveja?

Na sociedade, procuro ajudar com recursos econômicos as instituições sérias de caridade e auxílio fraterno aos enfermos? Quando não disponho de recursos pecuniários, procuro doar o tempo livre na ação comum do bem, seja contando histórias para as crianças, seja conversando com o idoso num abrigo especializado, seja levando uma palavra de conforto ou o pão ou agasalho que nos sobra?

Procuremos refletir profundamente sobre isto, pois somente na vitória do altruísmo contra o multimilenário egoísmo é que teremos a serenidade de consciência e paz interior. O espírito Emmanuel, em *O Evangelho segundo o Espiritismo* (capítulo 11, item 11), nos dá o exemplo do egoísta Pôncio Pilatos, que visando seus interesses acabou por lavar as mãos diante da situação, deixando que o justo Jesus sofresse seu martírio. A própria história nos revela que tal atitude gerou graves problemas conscienciais para sua vida, sendo que as glórias do mundo rapidamente passaram e informa Eusébio de Cesareia, em sua *História Eclesiástica,* que Pilatos caiu em desgraça, junto ao Imperador romano Calígula, cometendo suicídio por volta de 37 d.C.

Alertando-nos para esta questão, Jesus, nosso amigo leal, ofereceu-nos uma passagem para profunda reflexão e que se encontra na parábola do Samaritano (Lucas, 10:31) onde um sacerdote, representante religioso, conhecedor das Leis e de Deus, mas que, diante da dor alheia, não consegue desenvolver a compaixão para com o próximo. Mais preocupado consigo mesmo e com suas tribulações, passa de largo e segue seu caminho repleto de indiferença egoísta. Sigamos o exemplo do samaritano que, conectado com Deus, identifica a necessidade alheia, aproxima-se, faz-se útil, não mede esforços e auxilia seu próximo, sem cogitar de si mesmo.

A ação no bem, iniciando por pequeninas renúncias em prol do próximo é o caminho libertador do egoísmo de nossas almas.

Capítulo 9

FALSIDADE

Serpentes, raça de víboras! Como escapareis da condenação do inferno?

Mateus, 23:33

POSIÇÃO CÔMODA E interesseira, procura estar de bem com todos, visando proveito próprio. Atitude covarde, não expõe seu real pensamento nem intenções, para não prejudicar seus interesses.

Intimamente vive o indivíduo portador da falsidade em constante conflito, procurando os aplausos e as conquistas mundanas, mantendo uma chaga moral que, no entanto, o vai dilacerando.

Jesus reconhecia no íntimo das pessoas suas reais intenções e sentimentos, identificava suas vibrações e pensamentos e o uso constante de máscaras que não condiziam com o que ia no íntimo do ser. Chegou a comparar as pessoas falsas às serpentes e víboras, pois estas são miméticas, mudando de cor conforme a situação.

Toda máscara deverá cair no trabalho de construção do ser evangelizado e o compromisso com a verdade deverá fazer parte do pensamento regenerado.

Seja, porém, a vossa palavra sim, sim; não, não; o que excede disso é do mal alertou Jesus (Mateus, 5:37).

Nos ajustemos à verdade e a assumamos nas coisas simples, bem como nas mais complexas.

Mas como proceder diante de alguém com quem não simpatizamos e somos levados ao convívio diário? Analisando o que estamos sentindo.

Muitas vezes nos desagrada a conduta alheia pois exige um novo proceder nosso; exemplificando, vejamos uma pessoa exigente diante de outra relapsa, ambas estarão incomodadas com a conduta alheia e precisarão de autocontrole e ponderação para se manterem em equilíbrio, se sabedoras do que vai na intimidade. No esforço evangelizado, ao invés de fingir simpatia, desenvolverão no próprio íntimo as sementes da indulgência e a resistência ao próprio tormento. Perceberão que o relacionamento é a oficina da alma, onde teceremos com muito suor nossa veste nupcial, radiosa e bela. Trata-se de um trabalho diário de construção de valores espirituais. Novos potenciais serão exercitados e o sentimento doente com o tempo será renovado.

Capítulo 10

NÃO SEJAMOS INDIFERENTES

Que nos importa? Seja isto lá contigo.

Mateus, 27:4

SER INDIFERENTE É fechar-se em si mesmo, em seu mundo, procurando satisfazer seus próprios interesses e supostas necessidades, via de regra materiais e ilusórias, sem olhar o irmão que caminha ao lado.

Filha do egoísmo, a indiferença tem o ímpeto de verificar se qualquer ação moral a ser levada a efeito afetaria seu próprio bem-estar e sua tranquilidade. Esta calmaria, comparável ao do Mar Morto, reflete uma intimidade doente a ser transformada.

O espírito Lázaro, em *O Evangelho segundo o Espiritismo* (capítulo 9, item 8) afirma que *a virtude da vossa geração é a atividade intelectual; seu vício é a indiferença moral.* Indiferença que faz com que o indivíduo não busque sua transformação de sentimentos, mantendo-o sob o domínio das paixões, da sensualidade, da insensatez, do autoritarismo, da vaidade e do mundanismo.

Importante nos perguntarmos para identificar se somos indiferentes:

Em minha família alguém necessita de auxílio ou amparo para resolver alguma questão, em que sei que posso ser útil, mas ainda não me envolvi?

Vivo algum conflito cuja solução depende de mim, bastando uma ação positiva de renovação, mas não me movimento?

Deixo de praticar periodicamente o bem, negando-me a assumir um trabalho voluntário como visitas fraternas às casas dedicadas aos órfãos, idosos ou de outra natureza, pois não quero me envolver com o problema alheio?

Em meu meio profissional faço estritamente a minha parte, sem procurar saber se alguém necessita de minha colaboração para também bem atender a parte que lhe cabe?

Tenho orado por aqueles que sofrem em minha família?

Qual tem sido o meu olhar para o necessitado que encontro pelas ruas ou aquele que me pede algo nos semáforos ou em minha própria casa?

Tenho colocado em prática as orientações espirituais do evangelho de Jesus, apresentadas de forma tão cristalina pelo espiritismo?

Poderíamos multiplicar as questões, mas, se nos identificamos em alguma dessas reflexões faz-se fundamental conhecer qual o sentimento doente que tem alimentado nossa indiferença; a partir daí nos envolvermos em ações úteis, sair do comodismo e romper com o egoísmo ancestral.

É urgente a renovação, pois assevera a benfeitora Joanna de Ângelis:

> O fluxo Divino da força da vida é incessante e qualquer indiferença significa rebeldia aos códigos do movimento, da ação, proporcionando hipertrofia do ser e paralisia da alma...Nunca deixar que a indiferença se enraíze. E se, por acaso, crer que a própria vida não tem sentido nem significado, num gesto honroso de arrebentar algemas, deve experimentar dar-se ao próximo, a quem deseja viver, a quem, na paralisia e na enfermidade, busca uma quota mínima de alegria, de companheirismo, de afeto e de paz.[12]

Para o espírito que deseja alterar sua estrutura indiferente e já se conscientizou disto, serão fundamentais os pequenos exercícios do envolvimento, tais como se prontificar em lavar as louças em casa, ser o responsável

12. FRANCO, Divaldo P., Joanna de Ângelis, espírito. *Autodescobrimento – Uma busca interior*. LEAL, 16ª ed. 2008. Capítulo 9, pág. 116.

pela leitura do evangelho na reunião semanal ou diária do evangelho no lar, assumir a tarefa de uma ação no bem, periódica, constante, como a visita fraterna do evangelho nos lares em dificuldades ou junto aos doentes. Neste esforço, poderá auxiliar também os novos colegas de trabalho em sua integração ao grupo profissional, calar maledicências, exaltar virtudes e valores.

Narra o evangelista Mateus (27:3), que Judas, o discípulo que se desequilibrou, vendo que Jesus fora condenado, arrependendo-se, devolveu as trinta moedas de prata aos sumos sacerdotes e anciãos, dizendo: *Pequei, entregando sangue inocente. Eles, porém, disseram: Que nos importa? Isto é contigo. Arremessando as moedas ao Santuário, retirou-se, e foi enforcar-se.*

A resposta dada pelos sumos sacerdotes foi de indiferença plena, tanto pelo remorso de Judas quanto mais ainda pela situação de um homem justo que estaria sendo levado à morte.

Aproveitando este exemplo, quanto uma palavra nossa de norteamento, esperança e fé pode aliviar alguém que guarda a consciência em efervescência, por algum ato praticado em sua vida?

Jesus, nosso modelo e guia, jamais se mostrou indiferente as nossas mazelas e deliberou encarnar-se junto a nós, negando-se a si mesmo, descendo das esferas sublimadas num ato de amor para nos ensinar. E continua a trabalhar até hoje para o nosso despertar.

Capítulo 11

REFLEXÕES SOBRE A INGRATIDÃO

Perguntou, pois, Jesus: Não foram limpos os dez? E os nove, onde estão?
Lucas, 17:17

NÃO CONSEGUIRÍAMOS AVALIAR por completo a mobilização dos recursos divinos para que hoje estivéssemos encarnados neste abençoado planeta.

A aproximação dos espíritos que nos permitiram um novo corpo material, as condições para esta aproximação do casal, o êxito da fecundação, o equilíbrio relativo da gestação e do desenvolvimento fetal.

O nascimento no ambiente ideal que precisávamos, bem como o momento sócio, político, econômico, cultural e espiritual que mais necessitávamos para novas construções espirituais...

A luta e o trabalho de pessoas anônimas para que tivéssemos acesso à alimentação, saúde, educação...

Os benefícios gerados pelo progresso, onde do metal pesado em transformação tivéssemos as máquinas, os veículos, os aviões...

Ampliando um tanto mais, as benesses dos recursos naturais propiciadores de beleza aos nossos olhos e saúde para nossos corpos, como a água e a luz solar, ou da magnífica obra do Universo, mantida por perfeitas leis que transcendem a pequenina capacidade de compreensão humana...

Mesmo diante de tudo isto e de muitas outras coisas, ainda sentimos dificuldades na construção da gratidão.

Dificilmente enxergamos o lado positivo da vida, que suplanta o momento pesaroso e difícil, que possivelmente temos que enfrentar; por vezes nos consideramos demasiadamente autossuficientes e não somos tocados pela ajuda e estímulo que o próximo nos oferece. O orgulho fala alto e não valorizamos a ação do próximo a nosso favor ou não queremos reconhecer tal atitude; de forma enferma, consideramos que agradecer poderia nos rebaixar, diminuir, tornar-nos fracos...

Joanna de Ângelis explica:

> O ingrato é enfermo que se combure nas chamas

> do orgulho mal dissimulado, da insatisfação perversa. A si todos os direitos e méritos se atribui, negando ao benfeitor a mínima consideração, nenhum reconhecimento.
>
> Olvidando-se, rapidamente, do bem que lhe foi dispensado, silencia-o, mesmo quando não pensa que o recebido não passou de um dever para com ele, insuficiente para o seu grau de importância. A ingratidão é chaga moral purulenta no indivíduo, que debilita o organismo social onde se encontra. Assim, os ingratos são numerosos, sempre soberbos, e autossuficientes, em dependência mórbida, porém, dos sacrifícios dos outros.[13]

Ninguém avança no caminho da evolução sem o próximo ao seu lado! Estamos sempre diante de um superior que nos impulsiona e à frente de um inferior que temos o dever de também impulsionar, fazendo-o avançar.

Reconheçamos o valor daqueles que nos ajudaram e ajudam em nossa estrada da vida. Aos que nos deram palavras de estímulo quando estávamos prestes a desistir, aos que nos apoiaram até financeiramente quando não mais tínhamos como solver a dificuldade material que se apresentava.

Sejamos gratos também aos que nos trouxeram

---

13. FRANCO, Divaldo P., Joanna de Ângelis, espírito. *Jesus e atualidade.* Pensamento, 7ª ed. 2003. Capítulo 19, pág. 108

empecilhos e lutas, dificuldades e necessidade de esforço contínuo para superarmos barreiras que quiçá considerávamos intransponíveis, pois nos ensinaram o trabalho, a perseverança, o recomeço, o caminho do esforço...

Gratidão aos nossos pais que permitiram a nossa vida física, não importando as dificuldades que os mesmos também tenham na intimidade, pois se fomos atraídos para difíceis níveis de relacionamento é que disto precisávamos para drenar energias enfermas e desenvolver novos potenciais espirituais, novos sentimentos sadios. Lembremos que os espíritos frequentemente reencarnam nos mesmos meios já vividos anteriormente e se relacionam com os mesmos espíritos de outrora.

Diante até de um abandono materno ou paterno, onde nenhuma responsabilidade de nossa parte poderia ser justificada nesta existência, temos que reconhecer nesta situação - diante da justiça e amor de Deus - que era exatamente isto que precisávamos e merecíamos da misericórdia divina e ainda assim gratos por viver.

Agradeçamos as portas fechadas, muitas vezes providenciais para que não nos perdêssemos novamente nos mesmos erros de vidas anteriores, desperdiçando a reencarnação.

Diante disto, se alguém muito nos ajudou e por algum motivo não agradecemos até hoje, elevemos uma prece ao Senhor da Vida em seu nome e o procuremos, se for isto possível, para o abraço fraterno, ofertando nosso muito obrigado.

Narra o evangelista Lucas, que ao partir para Jerusalém, passava Jesus pelo meio da Samaria e da Galileia. E, ao entrar em certa aldeia, vieram ao encontro dele dez varões leprosos, que pararam a certa distância. Eles levantaram a voz dizendo: Jesus, Comandante, tem misericórdia de nós! Ao vê-los, disse-lhes: *Ide, mostrai-vos aos sacerdotes.* E sucedeu que, ao saírem, foram curados, mas somente um, vendo que estava curado, retornou para agradecer a Jesus, ajoelhando-se em seus pés. Em resposta, disse Jesus: *Não foram purificados dez? Onde estão os nove? Não se encontrou ninguém que voltasse para dar glória a Deus, senão este estrangeiro? E disse-lhe: Levanta-te e vai; a tua fé te salvou.*

Voltemo-nos para Jesus ao início e término de cada dia, ao menos, e agradeçamos a oportunidade da vida e de suas múltiplas experiências para nosso progresso espiritual.

Capítulo 12

CONSTRUINDO A PACIÊNCIA

...sede pacientes na tribulação, perseverai na oração...

Epístola de Paulo aos romanos, 12:12

A PACIÊNCIA É virtude que quando conquistada não nos abandona em momento algum, se fazendo presente durante todos os desafios de nossas vidas.

Ela reflete a emoção da calma, gerada por sua vez pela resignação diante da vida e pela fé no futuro.

Quando nada nos perturba a ordem e emoções, quando não somos contrariados, quando a saúde está equilibrada, os negócios continuam prósperos, a família encontra-se na mais perfeita harmonia, não damos atenção à sua força e necessidade. Bastam, no entanto, pequenas tribulações para nos vermos em situação muitas vezes opostas, percebendo nossa insuficiência em conter-nos.

Passamos a reclamar do mundo e de tudo, do próximo e de nós mesmos e não raro chegando até a incoerência de nos rebelarmos contra Deus, desconectando-nos de Seu fluxo.

Por que a falta de serenidade? Por que a visita tão frequente da impaciência?

A conquista da paciência, como recurso diante dos tormentos e aflições, nas horas aziagas da vida, deverá ser obra relevante a ser desenvolvida. Analisemos seu processo de construção.

Joanna de Ângelis nos orienta através de Divaldo Franco:

> A paciência, conquista individual através do esforço pela autoiluminação, pelo autoconhecimento e descoberta dos objetivos da existência, transforma-se em caridade de essencial significado quando direcionada aos que sofrem, ajudando-os com benignidade, trabalhando a resignação que dela também se deriva.[14]

Vejamos que na orientação da benfeitora esta conquista é fruto de trabalho individual, num processo de autoconhecimento de nossa realidade íntima, de necessidades e potencialidades. Com perseverança e com-

14. FRANCO, Divaldo P., Joanna de Ângelis, espírito. *Jesus e o evangelho à luz da psicologia profunda*. LEAL, 5ª ed. 2014. Capítulo 10, pág. 43.

preendendo nossos vínculos reencarnatórios vamos iluminando - pensamentos e sentimentos - atingindo a serenidade face a resignação diante de nosso planejamento.

Este recurso deverá ser acessado constantemente junto aos que sofrem - física, moral e espiritualmente. A paciência será a benfazeja água capaz de apagar os incêndios que se alastram.

Os pequenos exercícios diários onde somos testados consistem em estímulos que nos preparam para esta aquisição.

O atraso da esposa em se arrumar, o próximo que deseja nos relatar algo que o perturba "roubando-nos o tempo", a roupa que não foi bem passada, o lenço mal dobrado, a comida sem sal, a fila do banco, o trânsito caótico, nossa opinião questionada...

Se ainda agimos assim quando nas quadras positivas da vida, qual nossa conduta na adversidade, nos momentos difíceis e de invernia, nas provas morais que invariavelmente surgem em nossa jornada terrena?

Não foi sem muito meditar que o grande apóstolo dos gentios, Paulo de Tarso recomendou *...sede pacientes na tribulação, perseverai na oração....* Profundo conhecedor da alma humana sabia da dificuldade em perseverar na proposta do bem diante das surpresas desagradáveis do caminho.

As tribulações representam as expiações e provas que deveremos passar visando o nosso crescimento espiritual. São situações-testes que atuam em nossa intimidade, que mexem com nossa estrutura energética, daí a importância de trabalharmos vivências que atuem em novas construções para o nosso ser espiritual.

Se sou impaciente por não saber ouvir, aproveitarei muito uma visita a um lar de idosos, com o propósito de ouvi-los em suas histórias sempre repetidas, mas que os alimentam por lembrar de um passado distante.

Se estou no fluxo de renovação e percebo a impaciência com funcionários, colegas de trabalho ou até com as pessoas de minha família por ter que repetir o que falo, por não aceitar ser questionado em minhas ordens, importante eu trabalhar com crianças e adultos com determinadas limitações, físicas ou mentais para me colocar em seu lugar, compreendendo seus limites atuais.

Se a impaciência advém da demora da cura de nossas enfermidades físicas, visitemos aqueles que estão internados, por décadas, nos leprosários, levemos nossa cordial visita às crianças que batalham contra as enfermidades nos hospitais oferecendo a elas momentos de alegria, ou ainda dediquemos alguns minutos àqueles outros que não mais se levantarão de seus leitos, seja pela avançada idade ou por uma doença terminal.

Se a impaciência se deve a nossa situação material precária, reunamos um grupo de amigos e levemos uma cesta básica aos necessitados que vivem nas chamadas comunidades, as antigas favelas, precisando de tudo e pouco tendo para sobreviver...

Em *O Evangelho segundo o Espiritismo* (capítulo 9, item 7) o espírito amigo, ao tratar sobre a paciência adverte que:

> A dor é uma bênção que Deus envia aos seus eleitos; não vos aflijais, pois, quando sofrerdes; antes, bendizei de Deus onipotente que, pela dor, neste mundo, vos marcou para a glória no céu. Sede pacientes. A paciência também é uma caridade e deveis praticar a lei de caridade ensinada pelo Cristo, enviado de Deus.

Procuremos a paciência como remédio natural às ansiedades e perturbações que ainda existem nesta Terra de provas e expiações e que no futuro, redimida, será o porto seguro de paz e bênçãos a todos os espíritos que nela habitarem.

Capítulo 13

DA INDIGNAÇÃO E DA PARTE QUE NOS CABE

E ouvindo isso os dez começaram a indignar-se contra Tiago e João.

Marcos, 10:41

QUANTAS VEZES NOS sentimos indignados com as situações e fatos que nos surgem, seja na política, na economia, na sociedade e nos relacionamentos que mantemos. Possíveis desvios de conduta alheia, infrações de terceiros que acabam por nos lesar ou ao erário público, indiferença a nosso respeito...

Quando identificamos esta vibração sendo acionada em nosso íntimo, importante nos questionar se, de nossa parte, já não mais cometemos tais delitos, se ainda possuímos a vibração do mal condenado e o que estamos fazendo de positivo diante da questão criticada.

Allan Kardec indaga os imortais na pergunta de número 932 de *O Livro dos Espíritos*:

> Por que, no mundo, tão amiúde, a influência dos maus sobrepuja a dos bons? E obtém como resposta: Por fraqueza destes. Os maus são intrigantes e audaciosos, os bons são tímidos. Quando estes o quiserem preponderarão.

Extremamente oportuna esta questão diante do tema, pois poderemos passar toda uma existência indignados com variadas situações, sem nunca termos feito nada para, ao menos, contribuir com a parte que nos cabe. Reflitamos:

Ficamos indignados com a corrupção, mas aceitamos vantagens indevidas que nos são oferecidas?

Blasfemamos contra a violência no mundo, mas continuamos a gritar com o nosso próximo, num perfil autoritário e a exigir atendimento diferenciado pelo cargo que ocupamos, pelo poder econômico que possuímos, pela rede de relacionamentos que mantemos?

Ficamos indignados pela negligência alheia na condução dos veículos automotores diante dos acidentes que acompanhamos na televisão e nas redes sociais, mas ao volante respeitamos todas as leis de trânsito, sem nada transgredir?

Sentimos indignação com o tráfico de drogas que se amplia cada vez mais nas comunidades e guetos, bem como nos bairros mais categorizados do ponto de vista material e também com os próprios toxicômanos, usuários, mas refletimos se já possuímos o autocontrole para não manter mais nenhum vício, ainda que seja socialmente aceito, como o álcool ou tabaco?

Reclamamos do governo e da precária situação da educação, saúde e saneamento, mas nos habilitamos a dar aulas de reforço para as crianças da comunidade onde residimos, auxiliamos as pessoas carentes economicamente de nossa rua ou região, respeitamos o meio ambiente não jogando uma migalha que seja de lixo nas ruas?

Primeiramente procuremos nos ajustar na disciplina que nos cabe, corrigindo em nós todo foco contrário às Leis Divinas e, pelo nosso exemplo e esforço renovador, todo um contingente de indivíduos acabará também por se influenciar. Isto é o que está em nossas mãos fazer, sem depender de terceiros ou situações especiais.

Se não podemos mudar o mundo, poderemos alterar os painéis de nosso mundo íntimo, pois as rédeas de nossas vidas se encontram em nossas mãos.

Capítulo 14

DIANTE DA INSEGURANÇA

E não temais os que matam o corpo, e não podem matar a alma...

Mateus 10:28

A VIDA NA Terra não pode nos oferecer, por enquanto, a estabilidade completa que desejaríamos. Ela tem, ainda, a característica de mundo de provas e expiações, onde nossos espíritos necessitam avançar diante das vicissitudes, depurando-se.

Com raríssimas exceções, somos almas pouco empenhadas ao trabalho renovador e a segurança total produziria a inação, a paralisia intelectual e espiritual, daí a senda de provações que caracterizam nosso orbe, reflexo das necessidades dos espíritos que ainda aqui estagiam.

Junta-se a isto o reflexo da má utilização de nosso

poder de escolhas, em que optamos pelos caminhos de perturbação gerando dores em nós e em nosso próximo.

Diante das preferências infelizes do passado, hoje poderemos apresentar receios íntimos e inconscientes de tornar a errar de forma clamorosa.

Receio de tomar decisões, de se relacionar com o sexo oposto, de ser o mantenedor da família, de educar os filhos, de desenvolver até um trabalho no bem pode ser reflexo dos desatinos e desregramentos vivenciados no passado.

A lei de sintonia e afinidade é a que regula os acontecimentos que são levados a efeito. Como se tivéssemos um "psico-ímã", vetor atrativo ou de repulsão, damos ensejo para as ocorrências que de alguma forma veem ao encontro com as nossas necessidades espirituais. Só receberemos, portanto, aquilo que atraímos e merecemos.

Os dizeres de Jesus são diretos e efetivos: "E não temais os que matam o corpo, e não podem matar a alma...", simbolizando que tudo o que vem de fora, do externo, não poderá atingir a intimidade, quando esta encontra-se em plenitude. Nossa maior defesa é o Cristo, e nossas vibrações a senha que nos aproximará ou afastará das situações embaraçosas e complexas dos quadros do mundo.

Se as vibrações que acumulamos ao longo do tempo foram as da mentira, esta fará com que nos deparemos com situações em que ninguém irá acreditar em nós, ainda que estejamos com a verdade; se nossas vibrações forem as do roubo e não tivermos nos renovado, impregnados com estes fluidos, iremos atrair quadros de mesmo teor, expondo-nos a situações equivalentes, como forma de educar nossos espíritos. Se traímos o nosso cônjuge gerando uma queda espetacular em nosso parceiro e não nos reabilitamos, podemos hoje ter receio de novas empreitadas de natureza amorosa, surgindo bloqueios variados.

O espírito Joanna de Ângelis, examinando a questão da insegurança nos solicita entendimento e ação para lograrmos esta vitória espiritual:

> Os seres humanos que caminham sob o jugo da insegurança pessoal, diante da vida, aclimatam-se às regiões de sombras, porque aí se refugiam para prantearem os limites em que se comprazem, temendo tomar decisões que os libertariam, mas que, por outro lado, exigem-lhes o denodo, o sacrifício e a coragem para não desistir. Começada essa batalha nova, a de conquistar os espaços da evolução, mesmo sob conflitos perturbadores, dá-se o primeiro passo, que logo será seguido por outros, até o momento em que o prazer de ser livre se torna o emulador para mais audaciosas realizações.[15]

15. FRANCO, Divaldo P., Joanna de Ângelis, espírito. *Vida: desafios e soluções*. LEAL, 7ª ed. 2003. Capítulo 10, págs. 135 e 136.

O mecanismo renovador é a ação no bem que resultará numa nova vibração e em novos quadros mentais para o espírito.

Diante do receio de nos relacionarmos, será terapêutico ocupar a nossa mente em auxiliar o nosso próximo, não apenas convivendo, mas fazendo-nos úteis e interessando-nos em como poderemos ajudá-lo. Esta aproximação será benéfica, ganharemos confiança íntima e gratidão da parte beneficiada. Poderemos exercitá-la em nosso núcleo familiar e junto àqueles que se encontram segregados do convívio doméstico, como os idosos em asilos ou outros, esquecidos pela sociedade; de pouco em pouco, passando a ser referência na vida dos filhos do calvário, conquistaremos a segurança que outrora havia se abalado.

Se o receio for da violência e do roubo, procuremos nos engajar no trabalho coletivo junto aos menos favorecidos economicamente, seja ofertando a sopa renovadora, seja garantindo o farnel que escasseia na dispensa, sempre com a conversa acolhedora e amistosa.

Se a insegurança se patenteia na tomada de decisões, passemos a decidir com Deus, ou seja, consultando os códigos divinos ínsitos em nossas consciências, procurando fazer aquilo que está em concordância com as leis de amor, justiça e caridade, sem desejos de simplesmente agradar a terceiros decidindo pelo nosso tormento.

Diante de outras dúvidas, medos e receios, procuremos Jesus. E Jesus nos abastecerá com recursos inesgotáveis, capazes de saciar por completo nossa fome e acabar em definitivo com nossa sede.

Capítulo 15

INVEJA

Pois sabia que por inveja o haviam entregado.

Mateus, 27:18

VIVE A PESSOA invejosa em constante conflito consigo mesma.

Por não compreender o seu planejamento reencarnatório, deseja aquilo que não tem e que os outros possuem, julgando-os não merecedores de tais recursos, inclusive de ordem moral.

Não raro, nesta situação doentia, parte o indivíduo para a calúnia e maledicência, para conspurcar as conquistas alheias.

Cada espírito ao preparar-se para nova etapa na Terra, desde que em condições de ponderar com responsabilidade, participa de sua programação reencarnatória definindo os rumos que se fazem necessários para seu avanço espiritual.

Conta diretamente com o auxílio de seu mentor espiritual nesta programação e são definidos pontos para sua ambientação na nova jornada; em qual país, região, cidade e local irá renascer, se sua nova família será abastada economicamente ou não, de acordo com a prova a superar, se terá pais afetuosos ou relapsos do ponto de vista sentimental.

De acordo com suas necessidades definirá as oportunidades e injunções pelo caminho a percorrer, constituindo estes lances nas tantas portas abertas ou fechadas que se nos apresentam.

A lei de afinidades atrairá pessoas fundamentais para próximo de si, em relacionamentos nem sempre amistosos e ajustados, mas se perseverar, compreendendo as causas e ativando seus potenciais espirituais, renovará sentimentos doentes e ajustará emoções desequilibradas, avançando em maior plenitude.

Quando encontramos tantos exemplos notáveis de espíritos valorosos que se destacaram pelo trabalho ativo das virtudes na Terra, como Eurípedes Barsanulfo, Bezerra de Menezes, Chico Xavier, Albert Schweitzer, madre Teresa de Calcutá, Francisco de Assis, Gandhi e tantos outros anônimos, temos que ter a ciência de que isto não é obra do acaso, mas sim construção individual ao longo dos séculos. São as conquistas geradas a partir da renúncia, do esforço no bem, da vontade direcionada para o trabalho de novos sentimentos e que definiu valores imperecíveis para estes amigos de Jesus.

Diante destes quadros, por que se permitir invejar aquilo que o outro possui transitoriamente ou o nobre sentimento que nele já se destaque? O planejamento é adequado ao que o indivíduo precisa para vencer suas doenças d'alma e para reequilibrar seus sentimentos desarmonizados, reflexo de suas construções desajustadas em reencarnações passadas.

Não podemos mais fugir do nosso planejamento reencarnatório motivados pelo poder desenfreado, pelas loucuras do prazer, pela angústia da posse e pelas ilusões do prestígio... tudo o que irá passar e que deveremos deixar quando da nossa partida através da desencarnação. Somente levaremos nossa inteligência, nossos conhecimentos e nossas qualidades morais (*O Evangelho segundo o Espiritismo*, capítulo 16, item 9).

Em bela página, a nobre Joanna de Ângelis nos atenta a respeito da inveja:

> A inveja é um grande inimigo, que necessitas combater no teu mundo íntimo. Ela se insinua, cruel, nas telas mentais, e desequilibra a emoção. Torna-se fiscal impiedosa e capataz insensível.
>
> Arma ciladas, vinga-se pelo pensamento, através da palavra e da ação, persegue implacavelmen-

> te. Incontáveis crimes se originam na inveja, fora aqueles que não chegam a se consumar. A inveja é inferioridade que tem de ser corrigida e transformada em camaradagem e satisfação.[16]

Trabalhemos pela aquisição de valores morais que também nos caracterizem como amigos diletos do Cristo; desenvolvamos o entendimento do ser espiritual e como propõe Joanna, dilatemos o companheirismo e o contentamento, pois Jesus conta com cada um de nós neste período de transição planetária.

16. FRANCO, Divaldo P., Joanna de Ângelis, espírito. *Vida feliz*. LEAL, 4ª ed. 1994. Capítulo CIV, pág. 112.

Capítulo 16

INVIGILÂNCIA

Voltando para os discípulos, achou-os dormindo; e disse a Pedro: Assim nem uma hora pudestes vigiar comigo?

Mateus, 26:40

ESTA PASSAGEM ONDE o Mestre solicita a necessidade de vigilância para seus discípulos, oferece-nos profundas reflexões.

É certo que eles privavam com Jesus, que haviam recebido a orientação de vigiar com ele, mas ao se afastar um pouco mais para orar, quando volta ao local, após algum tempo, Jesus encontra-os dormindo, e então diz a Pedro: "Então, nem uma hora fostes capazes de vigiar comigo? Vigiai e orai, para que não entreis em tentação..."

Assim ocorre igualmente conosco quando afastamos Jesus de nossa intimidade, não permanecendo em sintonia com ele. Vejam que não é questão de distância física, pois a comunhão que Jesus solicitava mais diretamente a Pedro e aos filhos de Zebedeu, no Getsêmani era a de pensamento, que estivessem em uníssono numa mesma frequência de onda, no lugar onde estavam, mas não resistiram e dormiram... e após serem advertidos por Jesus, novamente cederam e voltaram a dormir.

A chegada do sono pode representar um ponto vulnerável que possuímos; os olhos "pesados" e vacilantes indicam as resistências iniciais que empreendemos, mas, sem a necessária vigilância e a força da vontade, atributo do espírito, acabamos por adormecer, cedendo à tentação.

A volta de Jesus e a advertência dada representam o chamado da consciência para os deveres assumidos em nossos planejamentos reencarnatórios, mas, sem a efetiva decisão de mudança, sem a coragem da fé, sem a força da ação do bem nos sustentando a renovação, voltamos a cair, da mesma forma que os discípulos voltaram a dormir...

Vigiai e orai, para que não entreis em tentação! Vigiar a intimidade, identificar os sentimentos doentes que ainda possuímos, nos atentarmos às pequenas coisas, como aquilo que lemos, assistimos, ouvimos, falamos, pensamos e o que fazemos quando estamos a sós serão de importância capital para a superação.

Reconhecer em nossa personalidade o que precisamos modificar para definitivamente entrarmos numa sintonia superior da vida, mantendo-nos no fluxo divino, eis o nosso trabalho!

Como grandioso recurso, temos a prece, arregimentando o apoio das entidades nobres, de nossos mentores espirituais, embaixadores de Deus na Terra, que nos sustentarão com recursos fluídicos e inspirações de ânimo e coragem para sairmos vitoriosos da batalha silenciosa a ser travada em nossa intimidade.

Capítulo 17

DA MALEDICÊNCIA À BOA PALAVRA

Ora, os principais sacerdotes e todo o sinédrio buscavam falso testemunho contra Jesus, para poderem entregá-lo à morte; e não achavam, apesar de se apresentarem muitas testemunhas falsas...

Mateus, 26:59-60

A PALAVRA MALEDICÊNCIA tem sua origem no latim "male" e "dicere", ou seja, mal dizer, mal falar. É de fundamental importância atentar ao que falamos, pois, a palavra representa a materialização daquilo que pensamos e sentimos.

A nossa palavra carrega consigo as vibrações positivas ou negativas que nutrimos e que passam também a influenciar àqueles que nos ouvem, entrando em nossa faixa de sintonia.

Somos responsáveis pelas telas mentais criadas pelos nossos ouvintes, tanto para o teor que eleva e alimenta espiritualmente como para aquele que denigre, degenera e perturba.

Daí a prudente recomendação do apóstolo Paulo (carta a Tito 2:1) ao afirmar *tu, porém, fala o que convém à sã doutrina*, pois se nossas palavras forem irrepreensíveis do ponto de vista da verdade e do amor, contidos no evangelho, não estaremos incursos em processos morais aos quais nos serão pedidos duras contas.

Reflitamos: sobre o que têm sido minhas conversas nos últimos tempos?

De que forma alimento aqueles que me procuram para dialogar: com esperança, harmonia e paz ou com azedume, desespero, tristeza e promiscuidade?

Por quanto tempo consigo manter-me numa conversa de elevado nível moral, respeitosa e produtiva?

Consigo silenciar diante da crítica, da maledicência e de assuntos perturbadores como guerras, violências, doenças e sensualidade?

Tenho observado o conselho de Jesus que recomendou (Mateus, 5:37) *seja, porém, a vossa palavra sim, sim; não, não; o que excede disso é do mal*, ou seja, consigo posicionar-me diante da verdade contida na Lei de Deus, que já conheço, fugindo da posição "em cima do muro" para não me comprometer, assumindo as responsabilidades de minha atitude?

Vigiemos, pois, nosso falar; uma palavra pode incentivar e fazer crescer um espírito indeciso ou destruir um projeto no bem, um sentimento nobre.

Tomemos cuidado com os assuntos que divulgarmos, se realmente são verdadeiros e se representam o bem. Espalhar um mal ou uma situação que não é verídica pode representar um prejuízo do qual não temos dimensão, pois podemos gerar separações, suicídios, ódios, representando um serviço das trevas articuladas.

Narra-nos o evangelista Mateus que não faltaram aqueles que se apresentaram para dar falso testemunho até mesmo de Jesus, que somente operou na verdade e no amor. Sejamos, pois, arautos da boa palavra, da palavra impecável, daquela que pode até se equivocar na gramática, mas que não se perderá na vibração superior inspirada no ideal cristão.

Tenhamos, ainda, vigilância redobrada nos momentos de suposta calmaria, para não cultivarmos a ociosidade mental, geradora de muitas quedas. Alerta a benfeitora Joanna de Ângelis:

> Maledicências e intrigas, vaidades e presunções, calúnias e boatos, despeito e descrédito, inquietação e medo, pensamentos deprimentes e tentações nascem e se alimentam durante a hora vazia.[17]

---

17. FRANCO, Divaldo P., Joanna de Ângelis, espírito. *Leis morais da vida*. LEAL, 15ª ed. 2014. Capítulo 7, pág. 38.

Iniciemos com os pequenos exercícios no trabalho no bem, contando histórias elevadas para as crianças, parábolas de Jesus para os famintos de paz íntima, visitemos um lar de idosos para conversar por meia hora, por dez minutos que seja, mas com regularidade semanal, conectados ao fluxo divino.

Como a palavra materializa nossos pensamentos e sentimentos, ao enobrecer-nos moralmente naturalmente converteremos nossa fala numa vibração constante de luz, que ao chegar ao próximo, o plenificará.

Capítulo 18

MATERIALISMO

Mas o jovem, ouvindo essa palavra, retirou-se triste;
porque possuía muitos bens.
Mateus, 19:22

UM DOS PRINCIPAIS obstáculos a suplantar em nossa luta ascensional na escala evolutiva é o materialismo. Ainda não conseguindo viver espiritualmente durante o estágio na matéria, o espírito tomba no fascínio gerado pelas coisas do mundo.

O "ter", a ambição pela posse e pelo poder, a ganância, que é o desejo intenso e imoderado por bens e riquezas, costuma desviar muitos viajores - invigilantes - do caminho do bem e de seus compromissos espirituais.

É natural usufruirmos das coisas materiais, pois estamos num mundo ainda de matéria densa, mas qual a causa de tamanho apego se a vida real é a do espírito? Se por mais longa que seja esta existência no corpo, brevemente retornaremos ao mundo dos espíritos? Qual o motivo de tamanho deslumbre por aquilo que ficará?

Vivemos como se nunca fôssemos abandonar este corpo, nossa casa, nosso carro, esta vida transitória. Invertemos de tal maneira os papéis e valores que passamos a acreditar que ao invés do usufruto temos a posse real e perene dos bens, que apenas administramos em caráter precário.

O problema real não é o de se "ter" e sim qual o sentimento que nos nutre diante destes recursos.

Para identificar, nos questionemos:

O que sinto quando estou junto com amigos e sou o mais rico economicamente? Considero-me superior? Me envaideço?

Se há outra pessoa em meu círculo de ação que se encontra em melhores condições materiais do que eu, sinto inveja dela?

Por que aspiro por promoções em meu emprego? Quero ganhar mais para aumentar minhas possibilidades de auxílio ao próximo ou acumular mais coisas que irão ficar na Terra com minha desencarnação?

Com qual frequência e com qual intenção faço doações aos necessitados? Apenas desejo alívio para minha consciência ou realmente interesso-me pela beneficência?

Tenho apego aos meus bens materiais?

Sinto prazer em exibir meus pertences aos outros, como relógios, joias, carros, casas ou outros objetos?

Compro utensílios caros, muito acima do preço comum, para ostentar marcas famosas?

Em *O Livro dos Espíritos* indaga o codificador Allan Kardec (pergunta 922):

> Haverá, contudo, alguma soma de felicidade comum a todos os homens?

Ao que respondem os guias da humanidade:

> Com relação à vida material, é a posse do necessário. Com relação à vida moral, a consciência tranquila e a fé no futuro.

Diante desta proposta dos espíritos o que é necessário e o que é supérfluo para nós? Várias vezes criamos falsas necessidades para manutenção de nossas vaidades e consumismos e arcamos com dívidas e preocupações perdendo o foco espiritual de nossas existências.

Recordemos Jesus em relação ao homem que juntava em celeiros: insensato, ainda esta noite lhe será pedida a alma... Orientava o Mestre amigo que nos atentássemos àquilo que realmente levaremos desta existência, os sentimentos, as ações.

Precisamos de forma urgente construir novas memórias em substituição àquelas que nos aprisionam ao materialismo e para isto é necessário estudo íntimo, comparação das situações vividas por nós, reflexão e ação efetiva no bem. Com novas construções, mais espiritualizadas, ampliaremos nossas potencialidades da alma.

Chico Xavier tem oportunidade de afirmar que:

> Quanto mais o materialismo cresce, mais nosso espírito tem saudade da união com Deus. Isso é nato em cada um de nós. Toda pessoa tem essa sede.[18]

Jesus, em conversa com o jovem rico identificou os potenciais daquele espírito e o sentimento doente que mais o prejudicava e fez o sublime convite: vai, vende seus bens e distribua aos pobres e em seguida vem e me siga. O jovem ficou muito triste, pois não conseguiu romper com suas construções antigas, não conseguiu lutar contra as vibrações do materialismo, do apego e do prestígio de que era portador.

Este mesmo Jesus nos convida também a seguir ao seu lado. Será que o sentimento material e o apego às coisas que iremos deixar na Terra têm nos impedido de também atender ao seu suave convite? Reflitamos.

---

18. XAVIER, Francisco Cândido. Emmanuel, espírito. *Entender conversando.* IDE Editora. 9ª ed. 2005. Pergunta 164.

Capítulo 19

VENCENDO NOSSOS MEDOS

Mas, sentindo o vento, teve medo; e, começando a submergir, clamou: Senhor, salva-me.

Mateus, 14:30

NATURAL NOS DEPARARMOS com as emoções do medo ao longo da existência física. Situações novas e imprevistas, que ameacem nossa estrutura emocional ou ainda que coloquem em risco nossa vida física ou nosso bem-estar orgânico poderão desencadeá-lo. Doutras vezes, refletindo experiências que nos marcaram profundamente, nesta existência ou em anteriores, retornam em forma de temores e supostos presságios de mau agouro.

Podem refletir ainda simplesmente a insegurança diante de uma questão importante a ser resolvida ou a falta de fé e coragem – em Deus e em nós mesmos.

Variados são os medos e as origens que alegamos para tê-los:

Medo da morte por não sabermos onde nos situaremos após a desencarnação.

Medo da doença pelo receio de sofrer e desencarnar.

Medo de desafios novos e não termos força e capacidade de superação.

Outros temores irão refletir claramente nosso desconhecimento sobre a realidade do ser espiritual que somos:

Medo dos espíritos, como se também não fôssemos um.

Medo da mediunidade, pois poderemos captar o mundo espiritual ou outros espíritos desencarnados.

Medo de orar pelos espíritos sofredores, atraindo-os.

Medo de dormir e não termos o controle das ações.

Cabe ainda recordar os processos de fuga do nosso planejamento reencarnatório:

Medo de viver e não ter forças morais para os desafios.

Medo de amar e nos decepcionar.

Medo de ser feliz e o momento passar.

Medo de ter filhos e não saber educá-los.

Medo de perdoar e voltar a ser ofendido.

Quantos, diante destas situações não passam a se isolar, a fugir do mundo, a deprimirem-se desenvolvendo inclusive ideias suicidas?

Ao refletir em nossos medos, procuremos identificar quando surgem e como os alimentamos.

Muitos temores de hoje refletem ações que desenvolvemos contra o próximo, em vidas anteriores, agindo contra a Lei de Deus. Tais vibrações persistem na consciência em culpa, solicitando-nos reparação.

Nesta situação poderemos identificar casos fóbicos, como medo de altura, de lugares fechados, de receios infundados, sem explicações lógicas.

Cabe a nós a renovação dessas memórias antigas, gravadas em nosso perispírito, por uma memória nova, edificante.

O espírito Joanna de Ângelis nos aconselha:

> O medo é inimigo mórbido, que deve ser enfrentado com naturalidade através do exercício da razão e da lógica.[19]

Enfrentando a situação aos poucos, despertando novos valores, operando os recursos da prece e do passe, expandindo nossas potencialidades através do trabalho no bem.

Com isso adquirimos estrutura para avançar em nosso planejamento, em que o fardo não é maior do que podemos carregar.

---

19. FRANCO, Divaldo P., Joanna de Ângelis, espírito. *O ser consciente*. LEAL, 16ª ed. 2014. Capítulo 27, pág. 119.

Neste novo ritmo mental, nossa sintonia espiritual se eleva e atraímos o concurso dos bons espíritos a nos inspirar e a nos reforçar com fluidos revigorantes.

Se nossos medos refletem quedas ou situações difíceis já enfrentadas e que não queremos novamente, fiquemos com a experiência adquirida e saiamos fortalecidos.

Processos de doenças, separações, falências morais e materiais...por que ocorreram? Analisemos quais caminhos trilhávamos e se nos desviávamos de nossos compromissos de ordem espiritual. A queda pode ser simplesmente um processo de desilusão para que retomemos nossa marcha de progresso de onde nos afastávamos cada vez mais.

Muitas vezes nos comportamos de forma idêntica ao apóstolo Pedro: começamos a caminhar confiantes nas águas do mar da vida, mas quando um vento mais forte em nossa direção surge ameaçando nossa estabilidade, alegamos medo e começamos a literalmente afundar. Ao pedir a Jesus para que o salvasse, o Mestre estendeu as mãos, mas a lição ficou, pois Jesus o adverte: homem de pouca fé.

Quando enfrentarmos conflitos, situações que nos imponham medo, sejam quais forem, e após um exame de nossa consciência que sempre servirá de filtro, concluirmos que estamos fazendo o nosso melhor e que nossas vidas estão em sintonia com o evangelho de Jesus, tratemos de nos abastecer com a coragem e com a fé

- em Deus e em nós - e enfrentemos a situação sabendo que nada ocorre sem a permissão do Pai e que os melhores caminhos e as melhores portas se abrirão, ainda que hoje aparentemente se mostrem fechados.

Capítulo 20

A MENTIRA E O MENTIR

Seja, porém, o vosso falar: Sim, sim; não, não; pois o que passa daí, vem do Maligno.

Mateus, 5:37

GRANDE DESAFIO PROPÕE Jesus solicitando-nos a coragem de assumir nossas responsabilidades. Milenarmente nos acostumamos ao fingimento e ao desculpismo, de acordo com a situação por nós vivenciada. Motivados pela chaga do egoísmo, fazendo com que nos preocupássemos primeiramente - quando não unicamente - conosco mesmos, passamos a moldar nosso comportamento, pensando e sentindo numa direção e agindo noutra oposta.

É comum encontrarmos indivíduos que quando chamados à devida prestação de contas pelo chefe, por exemplo, mentem falando que já fizeram a tarefa que muitas vezes ainda nem teve início; não raro, para se angariar simpatia, elogiam-se pessoas e atitudes, embora por dentro se tenha outra opinião; para conquistar uma corrente favorável num determinado setor de ação na vida, encontramos aqueles que prometem tudo sem saber se conseguirão cumprir; para auferir maior lucro, muitos afirmam ter o produto vendido uma qualidade de primeira, enquanto a mesma é sabidamente inferior.

Esta conduta é geradora de perturbações variadas, podendo causar desequilíbrios na vida presente e na futura.

Ocorre que, ao mentir, libera-se um fluido que impregna o ser e que com ele permanecerá até que se renove o quadro formado, até que se construa uma nova vibração.

Caso a recuperação não se opere na vida atual, persistindo os fluidos enfermiços, em outra existência pode ocorrer de se falar a verdade e ninguém dar o devido crédito face à energia captada pelo interlocutor. Além disso, somos sempre responsáveis pelos nossos atos e as repercussões da mentira podem ser desastrosas.

Quanto tempo podemos perder no caminho de nossa evolução com este tipo de desvio?

Aquele que segue a verdade avança mais rapidamente em direção a Jesus por estar em sua sintonia. O Mestre bem asseverou (Mateus, 5:37) *seja, porém, o vosso falar: Sim, sim; não, não; pois o que passa daí, vem do Maligno.*

Elucida a benfeitora Joanna de Ângelis:

> A mentira dever ser rechaçada sob qualquer forma em que se apresente, em face dos prejuízos morais que provoca, levando à maledicência, à calúnia e a todo um séquito de terríveis distonias psicológicas e éticas no comportamento social.[20]

Assumir posições definidas voltadas para o bem, para o belo, para o superior deve ser nosso compromisso. Como a maioria da população convive com valores deturpados, quando famílias se desfazem pela busca de prazer e sensações por parte dos cônjuges, quando a violência se irrompe nos meios sociais e a droga campeia fértil, pode não ser fácil, mas torna-se imprescindível dizer "sim" para o Cristo.

O que faria Jesus? Eis a pergunta que deve frequentar mais nossa mente, para bem abalizarmos as nossas decisões e escolhas.

Que as mesmas sejam libertadoras para nossos espíritos não nos aprisionando em difíceis complexos de culpa e remorsos neste período de transição.

Todo aquele que é da Verdade ouve a minha voz, afirmou o excelente amigo (João, 18:37).

Para estarmos na sintonia dele, precisamos nos com-

---

20. FRANCO, Divaldo P., Joanna de Ângelis, espírito. *Vida: desafios e soluções*. LEAL, 7ª ed. 2003. Capítulo 3, pág. 41.

prometer com a verdade. Assumir e viver este compromisso é o que levou ao querido professor Eurípedes Barsanulfo a afirmar: *Poderoso é o sol da verdade!*[21]

Façamos o exercício íntimo para identificar em qual ponto estamos deste compromisso. Passemos em revista a nossa posição em situações consideradas corriqueiras, sem grande importância, como a conferência do troco no supermercado, o preenchimento do imposto de renda no ajuste de contas ao governo, quando recebemos uma ligação indesejada e temos o ímpeto de mentir que não estamos em casa, quando realizamos uma prova acadêmica e podemos nos utilizar da "cola" ou "cópia" do colega ao lado. Se já conseguimos superar todas estas "tentações" estamos nos ajustando aos grandes empreendimentos, pois *o fiel no mínimo é fiel também no muito; o injusto no mínimo é injusto também no muito*, ensinou-nos Jesus (Lucas, 16:10).

Ao cumprir com a verdade, ainda que não recebamos os aplausos e elogios passageiros da Terra, estaremos acumulando um tesouro imperecível, a verdadeira paz em nossas consciências, o verdadeiro Reino de Deus em nós.

---

21. Alzira Bessa França Amui; Luciano S. Varanda. *Novo caminho a seguir*. Editora Esperança e Caridade, Sacramento-MG. 1ª ed. 2012. Trecho da apresentação da obra.

Capítulo 21

A OMISSÃO E O COMPROMISSO COM A VERDADE

Ao ver Pilatos que nada conseguia, mas pelo contrário que o tumulto aumentava, mandando trazer água, lavou as mãos diante da multidão, dizendo: Sou inocente do sangue deste homem; seja isso lá convosco.

Mateus, 27:24

JESUS, AQUELE QUE deve ser nosso modelo e guia, sempre teve muito bem definidas suas posições no tocante às mais variadas questões. Difícil é ainda reconhecer em nossa intimidade a coragem para tal compromisso.

O omisso é aquele que deseja estar de bem com todos, mesmo ferindo seus princípios e ideais, sempre com a ideia de agradar, de nunca se indispor, de não ter sua imagem "arranhada" por uma escolha contrária à opinião dos demais; visa auferir, ainda, vantagens e lucros materiais.

A indiferença, a vaidade, a ambição e o medo, filhos do orgulho e do egoísmo, são algumas vertentes do omisso.

Ocorre que para assumir nossas opiniões e atos deveremos enfrentar as consequências, nem sempre agradáveis, pois - quando morais - falam contra a conduta desequilibrada de muitos.

O fato é assumir responsabilidades.

Disse Jesus (Lucas, 11:23) *Quem não está comigo é contra mim; e quem não ajunta comigo espalha.* Vejamos que o Mestre nos solicita uma posição definida que, no entanto, temos dificuldade em seguir face nossos interesses ainda mundanos, descompromissados com a verdade e o bem.

No próprio Apocalipse (3:14-22) escrito por João, encontramos na carta à igreja de Laodiceia a assertiva *Assim, porque és morno e nem és quente nem frio, estou a ponto de vomitar-te da minha boca.* A posição morna é a posição "em cima do muro", onde não assumimos um lado por interesses outros.

Desta forma reflitamos em qual é nossa atitude quando:

- nosso superior hierárquico nos cobra uma atividade que já deveríamos ter feito e que ainda nem começamos;
- quando quebramos ou perdemos um objeto que não nos pertence e ninguém viu nosso ato;
- quando anualmente devemos declarar nossos ren-

dimentos e bens ao governo, tendo que pagar o devido imposto sobre os mesmos;

• quando temos que vender um produto que nos pertence, cuja qualidade não é primorosa e o possível comprador nos questiona sobre a excelência do mesmo;

• quando estamos necessitados de recursos financeiros e somos convidados a alguma atividade geradora de recursos imediatos, que sabemos ser ilícita, mas que ninguém saberá da nossa participação;

• quando algum amigo nosso, que esteja ausente, é achincalhado pelos demais através da maledicência;

• quando remontam a nós o mérito de uma ação que sabemos não termos tido participação em sua execução.

Diante das indagações acima, qual nossa atitude? Falamos o sim, o não, ou ficamos numa posição "morna", descompromissada com Jesus?

Pilatos já havia sido advertido por sua esposa Cláudia de que Jesus era inocente; ela tivera um sonho onde recebera tal informação e pedira ao esposo que o libertasse, mas diante do poder do mundo ameaçado, diante de vantagens políticas passageiras, neste duelo entre César e Mamon, Pilatos lavou as suas mãos e disse a célebre frase *Sou inocente desse sangue. Isso é convosco* (Mateus, 27:24) e, neste momento, contraía pesado débito perante a própria consciência, pela omissão.

Quantos, no entanto, independentemente do que lhes aconteceria foram fiéis até o fim? João, o jovem discípulo que não saiu de perto de Maria de Nazaré, nos momentos terríveis do calvário; Rufos, o escravo de Taciano, que não negou a Jesus recusando-se a afirmá-lo menor que a deusa Cibele e que foi amarrado num cavalo selvagem que saiu em disparada, arrastando consigo aquele que mais tarde reencarnaria como João Gaspar Lavater e posteriormente ainda como Eurípedes Barsanulfo; Joana d'Arc que não afirmou serem suas visões obras de satanás, personificação do mal e, traída, ardeu na fogueira ignominiosa; Bezerra de Menezes, que ocupava posição social de destaque e, ao conhecer o espiritismo, efetuou um ato de fé no salão da guarda, no Rio de Janeiro, para mais de duas mil pessoas perdendo centenas de clientes imediatamente, por ignorância e preconceito.

Quando formos defrontados, questionados e nos sentirmos numa posição dúbia, indaguemos: que faria Jesus? E diante da diretriz, liguemo-nos intimamente com o Mestre, peçamos forças para assumir nossa posição. Que esta seja a posição da verdade e do bem e falemos sem destemor, pois Jesus assim o faria.

Capítulo 22

ORGULHO

Naquela hora chegaram-se a Jesus os discípulos e perguntaram: Quem é o maior no reino dos céus?

Mateus, 18:1

CARACTERIZA-SE O ORGULHO pela supervalorização do eu, onde se considera o indivíduo acima de seu próximo, seja em inteligência, moralidade ou em outros recursos e valores em questão.

Por superestimar a si, não reconhece seus erros; por se preocupar consigo primeiramente, se torna indiferente e frio nos relacionamentos.

O orgulhoso possui dificuldades em identificar seus pontos vulneráveis, seus conflitos e tormentos, embora viva em constantes desequilíbrios. Diante das verdades do evangelho, tende a enumerar as pessoas que falham nos itens citados, considerando-se já detentor de qualidades que ainda não conquistou. Pode possuir muitas informações espirituais, mas não as compreende a ponto de aplicá-las em si mesmo.

Percebê-lo em nossa intimidade é tarefa urgente e uma nova construção mental torna-se fundamental, pois muitas reencarnações temos perdido para o orgulho.

Como testemunho disto, "Uma Rainha da França" nos adverte, em *O Evangelho segundo o Espiritismo* (capítulo 2, item 8): *O orgulho me perdeu na Terra... Que trouxe eu comigo da minha realeza terrena? Nada, absolutamente nada.*

Construir a humildade, sentimento oposto, que nos nivela ao próximo e iguala-nos como filhos de Deus em evolução que somos, permitirá uma nova força para o espírito.

Reconhecer nossas limitações, simplificar nossos desejos, identificar as belas construções morais e as habilidades que o próximo possui serão um exercício interior que acabará por produzir frutos.

Adolfo, bispo de Argel, na mesma obra *O Evangelho segundo o Espiritismo* (capítulo 8, item 12), nos orienta sobre como vencer o orgulho afirmando que *um único meio se vos oferece para isso, mas infalível: tomardes para regra invariável do vosso proceder a lei do Cristo.*

Evangelizarmo-nos, portanto, eis o caminho! Lei do Cristo que é justiça, amor e caridade! Trabalhar no bem, para que esta nova vibração nos sustente o empenho de renovação e que estas experiências, junto aos filhos do calvário, nos ofereçam material divino para profundas reflexões.

Capítulo 23

NOSSOS PRECONCEITOS

Disse-lhe então a mulher samaritana: Como, sendo tu judeu, me pedes de beber a mim, que sou mulher samaritana?

João, 4:9

NASCE O PRECONCEITO da imaturidade espiritual do indivíduo, por não compreender as leis de Deus.

A lei da reencarnação derruba os pilares do preconceito de raça, sexo, classe social e até mesmo de religião, pois nos esclarece que somos espíritos com construções íntimas diferentes e necessidades espirituais igualmente distintas.

No entanto, nova luz é oferecida pelo espiritismo e, com ele, a certeza de que já estivemos muitas e muitas vezes na Terra e estaremos tantas outras se fizerem necessárias até nossa emancipação espiritual.

Ao longo das existências, já fomos operários, lavradores, médicos, artistas, advogados, mecânicos; envergamos corpos masculinos e femininos, pois ensinam os espíritos em *O Livro dos Espíritos* (pergunta 201), que são os mesmos os espíritos que ora renascem homens, ora mulheres, de acordo com suas necessidades; vivemos em várias partes do globo terrestre, na Europa, África, Ásia, Oceania e América, na opulência e na miséria; defendemos doutrinas e tendências que hoje poderemos considerar ultrapassadas. Estes exemplos já seriam suficientes para não menosprezarmos a ninguém que seja.

No entanto, cabe ressaltar que o preconceito pode surgir de forma velada, guardado em surdina, mas intimamente alimentado.

Neste sentido, como reflexão importante analisemos se também avaliamos as pessoas pelo modo de se vestirem, pela idade que possuem, pelo português claudicante, pelo local em que residem... nos consideramos de alguma forma superiores?

Fica-nos, no entanto, importante questão: quem é este espírito alvo de nosso julgamento?

Quando indagado pela samaritana que queria entender como ele, Jesus, um homem judeu, pediria água a ela, mulher samaritana, responde o Mestre orientativo:

> – Mulher, se vós soubésseis quem lhe pede água, serias tu que lhe pedirias e da água que eu te desse jamais voltaria a ter sede novamente...

Havia um grande preconceito entre os judeus de Jerusalém e os judeus da Samaria por uma divergência religiosa, quanto questão da adoração a Deus, se ela deveria ser feita no Templo de Jerusalém ou no Monte Garizin.

Aquela mulher identifica então que Jesus era judeu, percebendo os traços que ele trazia, como o sotaque, o tipo de penteado do cabelo e prejulgou-o. Não sabia ela que estava diante do rei solar, do governador espiritual do planeta Terra, o espírito mais perfeito que Deus nos apresentou para servir de modelo e guia, consoante *O Livro dos Espíritos* (pergunta 625).

Assim também pode acontecer conosco.

Talvez o espírito que menosprezamos hoje seja aquele que daríamos tudo para estar perto; poderá ser ele quiçá um espírito de escol, de alta envergadura evolutiva, direcionado para nos ensinar através de seu exemplo a termos humildade, simplicidade e renúncia; ou ainda um parente querido de outras épocas remotas a quem muito devemos.

Não prejulguemos pessoas, nem situações.

Afirma a mentora Joanna de Ângelis que *somente ama de fato aquele que é feliz, despojado de conflitos, livre de pre-*

conceitos, identificado com a vida.[22]

Lembremos que fomos colocados em contato com determinados quadros e pessoas para revertermos certas vibrações fixadas em nossa memória espiritual. Identifiquemos possibilidades de amparo e auxílio buscando entendimento e mantendo o digno respeito a todos, na qualidade de cristãos que afirmamos ser.

---

22. FRANCO, Divaldo P., Joanna de Ângelis, espírito. *Conflitos existenciais.* LEAL, 6ª ed. 2014. Capítulo 19, pág. 143.

Capítulo 24

PREGUIÇA

Ao que lhe respondeu o seu senhor: Servo mau e preguiçoso, sabias que ceifo onde não semeei, e recolho onde não joeirei?

Mateus, 25:26

AFIRMA O ESPÍRITO André Luiz, através de Chico Xavier: *se você acredita no valor da preguiça, olhe a água parada.*[23]

Uma frase que sintetiza a necessidade urgente de entendimento desta emoção.

A água parada é foco de contaminação de agentes transmissores de variadas doenças; parada, não dessedenta os viajantes do caminho nem atende sua função de manter a vida.

23. XAVIER, Francisco Cândido. André Luiz, espírito. *Respostas da vida.* IDEAL. Capítulo 24.

Reflitamos no que pode advir a partir desta conduta:

• deixamos de fazer nossas obrigações e delegamos para que outros se desdobrem e as façam;

• desenvolvemos apatia mental e espiritual, passando a vibrar em ondas longas, de baixa frequência;

• com o tempo, adotamos a postura de vítimas diante dos percalços e dificuldades originados pela nossa inação;

• passamos a ser indiferentes com as dores do próximo;

• adentramos às ondas de baixa autoestima, ao identificar que o mundo continua seu ritmo de progresso;

• com a desistência do próximo em nos estimular à mudança, passamos a nos isolar ainda mais, adentrando os pântanos da depressão.

Não procedamos como o servo preguiçoso da parábola, que enterrou os talentos confiados a ele pelo Senhor da Vinha, pois momento chegará em que deveremos prestar contas dos valores a nós confiados.

Se em nossa intimidade reconhecemos a presença da preguiça, a veneranda mentora Joanna de Ângelis, através de Divaldo Franco, analisa que:

> Pode o paciente (portador da preguiça) receber alguma inspiração superior e interrogar-se: – Por que estou sofrendo desnecessariamente? Até quando suportarei esta situação deplorável?"

Sendo este um estímulo para iniciar o labor renovador. Na sequência, continua Joanna:

> o próximo passo é a destruição da identidade de preguiçoso, de doente ou inútil, experimentando a alegria que decorre do ato de servir, dos instrumentos ativos para a produção de tudo quanto signifique realização pessoal.

Complementa ainda a mentora de que:

> É necessário que as leituras edificantes passem a influenciar os painéis mentais, e as velhas histórias de autocompaixão... cedam lugar aos estímulos da boa convivência social e afetiva, motivando aos avanços constantes... Nesse sentido a oração e a bioenergia oferecem recursos inestimáveis.[24]

Recordando-nos de que o Pai trabalha sempre, que Jesus opera continuamente em nosso favor, sem intervalos, que nossos mentores espirituais nos tutelam estimulando-nos o pensamento elevado, não poderemos de nossa parte cessar a marcha e estagnar. O tempo é um recurso valioso que não pode ser menosprezado.

Aproveitemos, pois, os amplos recursos que o espiri-

---

24. FRANCO, Divaldo P., Joanna de Ângelis, espírito. *Conflitos existenciais.* LEAL, 6ª ed. 2014. Capítulo 2, págs. 24 e 25.

tismo nos oferece para a vitória sobre a preguiça e para o desenvolvimento de um espírito operoso e sigamos em frente, sempre!

Capítulo 25

GUARDO RANCOR?

Por isso Herodias lhe guardava rancor e queria matá-lo, mas não podia...
Marcos, 6:19

O RANCOR É uma profunda enfermidade da alma cujas vibrações nos impregnam das mais envenenadas energias. Reflete mágoa profunda, forte ressentimento, melindre exacerbado e distância do perdão, podendo se fazer acompanhado ainda do ódio e da vingança.

Poderá surgir a partir de uma contrariedade ou situação vivida onde nosso orgulho foi profundamente ferido.

- o companheiro em que depositávamos as mais elevadas expectativas e que nos traiu;
- o jovem que tanto amparamos no período mais di-

fícil de sua vida e que, ao equilibrar-se, passa a desprezar-nos;

- os pais que, em nosso entendimento, davam preferência para os outros irmãos;
- a amiga que nos chama a atenção para os deveres morais dos quais nos afastamos, e isto nos melindra;
- o chefe que constantemente nos incitava a melhorar nosso procedimento e produtividade e que acabou por nos demitir.

Variados são os motivos que nos levam ao rancor, mas o fato é que não conseguimos trabalhar a nossa intimidade no momento da ocorrência desagradável.

Vejamos que a questão não se refere ao próximo, mas sim nas vibrações que ainda mantemos.

As energias enfermas que acumulamos com o rancor são altamente tóxicas e atraímos companhias espirituais de igual vibração; a partir daí se mantido este conúbio, toda uma problemática física-espiritual vai se instalando e se agravando, gerando perturbações de natureza obsessiva e até psiquiátrica.

No evangelho, recordamos a passagem que envolveu João Batista (Mateus, 14:1-12). O rei Herodes era constantemente advertido por João, que afirmava não ser lícito a ele, Herodes, possuir Herodias, a esposa de seu irmão Filipe. Diante destas advertências recebidas, Herodias passou a sentir profundo ódio e rancor por João Batista e, na primeira oportunidade que teve solicitou a cabeça de João numa bandeja de prata, através de sua filha Salomé, que dançou e encantou o rei e poderia pedir o que desejasse...

No íntimo de sua consciência ela sabia que seu proceder era imoral, mas na tentativa de fugir de si mesma, optando pela ilusão e para silenciar a pessoa que estava atuando como sinalizador da verdade em sua vida, preferiu num arroubo de vingança, eliminar o padrão do bem que sempre incomoda aquele que segue pelas trilhas do mal.

Se estivermos guardando rancor procuremos identificar o que foi que mais nos incomodou na situação... talvez nossa vaidade tenha sido ferida, nossas facilidades materiais ameaçadas, a ambição frustrada, a expectativa de sucesso adiada, a necessidade de maior esforço exigida...

Não permaneçamos rancorosos. A mentora Joanna de Ângelis esclarece:

> Quem guarda rancor, coleciona lixo moral, e, consequentemente, termina enfermando.[25]

Para drenarmos esta energia malsã, o empenho na prece pedindo o apoio dos amigos espirituais será de subido valor, o trabalho constante no bem, que nos alimen-

25. FRANCO, Divaldo P., Joanna de Ângelis, espírito. *Vida feliz*. LEAL, 4ª ed. 1994. Capítulo LI, pág. 58.

te e renove terá aspecto fundamental e, se necessário, o diálogo fraterno na casa espírita, abrindo nosso coração e aliviando nosso íntimo com aqueles que poderão auxiliar com a segurança da boa direção do evangelho de Jesus.

Capítulo 26

REMORSO

E lembrou-se Pedro das palavras que Jesus lhe disseram: Antes que o galo cante, três vezes me negarás. E, saindo, chorou amargamente.

Mateus, 26:75

QUEM PASSARÁ NO mundo isento de erros? Somente Jesus, mestre por excelência e governador espiritual do planeta, espírito perfeito e modelo para nós, passou isento de máculas pelos caminhos da Terra.

Quantas vezes decidimos pelo nosso tormento e depois acabamos por colher graves consequências desta nossa atitude, que abalam nosso equilíbrio e do nosso próximo, gerando situações terríveis, separações de longo prazo, discussões intérminas, ódios e sequelas dolorosas.

Por outras vezes uma simples palavra mal interpretada, uma ação que poderia ter sido feita de outra forma, uma rusga facilmente evitada, mas que se transformou num temporal cujos raios e ventanias acabam por avassalar a paz íntima, ou do lar, ou do ambiente em que se manifesta.

Quando destas ocorrências, costumeiramente falamos para nós mesmos que, se voltássemos no tempo, não teríamos feito aquilo, que se pudéssemos mudar o passado, agiríamos de outra forma; mas o tempo avança de forma inexorável e, resta-nos tão somente a realidade dos fatos já consumados.

O espírito André Luiz informa que:

> ... A recordação dessa ou daquela falta grave, mormente daquelas que jazem recalcadas (reprimidas) no espírito, sem que o desabafo e a corrigenda funcionem por válvulas de alívio às chagas ocultas do arrependimento, cria na mente um estado anômalo (anormal) que podemos classificar de zona de remorso, em torno da qual a onda viva e contínua do pensamento passa a enovelar-se em circuito fechado sobre si mesma...[26]

O benfeitor espiritual retrata que se não trabalharmos a reparação da situação gerada pelo nosso delito e

26. XAVIER, Francisco Cândido. André Luiz, espírito. *Evolução em dois mundos*. FEB, 27ª ed. 07/2015. 2ª parte, item 19.

se nos fecharmos abafando o sentimento de culpa - não revelando nossa ação nem para nossos melhores amigos, capazes de nos auxiliar - nossa mente entra num estado anormal, dominando o foco principal de nosso pensamento centralizando-o no mal efetuado, revivendo a cena continuamente, vibrando em circuito fechado de energias enfermas.

Continua André Luiz sua orientação:

> ... É assim que o remorso provoca distonias diversas em nossas forças recônditas, desarticulando as sinergias do corpo espiritual, criando predisposições mórbidas para essa ou aquela enfermidade, entendendo-se, ainda, que essas desarmonias são, algumas vezes, singularmente agravadas pelo assédio vindicativo dos seres a quem ferimos, quando imanizados a nós em processos de obsessão.

Acabamos, com o tempo, somatizando essas energias deletérias e a doença espiritual, que acaba por enfermar também nossa mente, nas conhecidas psicopatologias atuais, fecha o ciclo adoecendo o corpo físico, que absorve os fluidos enfermiços e desequilibra-se.

O que fazer? Como proceder?

O erro representa um momento em que nos desconectamos de Deus, optando pelo nosso tormento, pelo nosso ponto vulnerável.

Ninguém foge de si mesmo. Chega o momento em que deveremos encarar nossa realidade para superar o desvio, uma vez que o objetivo do espírito é a perfeição, é o amor por excelência e ninguém avança deixando para trás um caminho a corrigir.

Estudemos dois exemplos da Boa Nova envolvendo a questão do remorso:

Em primeiro, recordemos Judas Iscariotes. Após o terrível episódio da traição, vendo que Jesus fora condenado, arrependendo-se, devolveu as trinta pratas aos sumos sacerdotes e anciãos dizendo:

> Pequei, entregando sangue inocente. Eles, porém, disseram: Que nos importa? Isto é contigo. Arremessando as moedas ao Santuário, retirou-se, e foi enforcar-se (Mateus, 27:3).

O discípulo Judas, que conviveu com Jesus, ouviu as lições sublimes ensinadas pelo Mestre e compartilhou momentos inolvidáveis junto ao Sublime Peregrino, não obstante cedeu *às tentações da posse material,* tormento que possuía e já fora advertido por Jesus para a ele não sucumbir.[27]

Posse material não se resume tão somente a dinheiro, mas a tudo que pertence e fica no mundo, como o poder temporal e o domínio político.

---

27. XAVIER, Francisco Cândido. Humberto de Campos, espírito. *Boa nova.* FEB, 37ª ed. 04/2003. Capítulo 5.

É o próprio espírito Judas que relata seu sentimento para o também espírito Humberto de Campos, através das abençoadas mãos do apóstolo Chico Xavier:

> Acima dos corações, eu via a política, única arma com a qual poderia triunfar e Jesus não obteria nenhuma vitória. Com as suas teorias nunca poderia conquistar as rédeas do poder já que, no seu manto de pobre, se sentia possuído de um santo horror à propriedade. Planejei então uma revolta surda como se projeta hoje em dia na Terra a queda de um chefe de Estado. O Mestre passaria a um plano secundário e eu arranjaria colaboradores para uma obra vasta e enérgica.... Entregando, pois, o Mestre, a Caifás, não julguei que as coisas atingissem um fim tão lamentável e, ralado de remorsos, presumi que o suicídio era a única maneira de me redimir aos seus olhos...
>
> ... O remorso é uma força preliminar para os trabalhos reparadores. Depois da minha morte trágica submergi-me em séculos de sofrimento expiatório da minha falta. Sofri horrores nas perseguições infligidas em Roma aos adeptos da doutrina de Jesus e as minhas provas culminaram em uma fogueira inquisitorial, onde imitando o Mestre, fui traído, vendido e usurpado. Vítima da felonia e da traição deixei na Terra os derradeiros resquícios do meu crime, na Europa do século XV. Desde esse dia, em que

> me entreguei por amor do Cristo a todos os tormentos e infâmias que me aviltavam, com resignação e piedade pelos meus verdugos, fechei o ciclo das minhas dolorosas reencarnações na Terra, sentindo na fronte o ósculo de perdão da minha própria consciência.[28]

Com a dor superlativa infligida pelo remorso, Judas decidiu fugir da situação, como se pudesse fugir da vida e ao invés de iniciar um processo de reparação, entrou no caminho difícil da expiação, com o agravante do suicídio, perturbando-se ainda mais. Somente com o trabalho dos séculos, das lutas, das expiações e provas voltou a equilibrar-se e de tal forma, chegou num momento em que a consciência o liberou, no século 15.

Recordemos agora de Pedro, o grande apóstolo de Jesus.

Após o momento em que Jesus lava os pés de seus discípulos, informa aos mesmos que se aproximava a hora de seus derradeiros testemunhos e que os mesmos seriam dispersados no supremo momento. Pedro então indaga para onde Jesus iria e o Mestre afirma que ele não estaria preparado para o seguir. O apóstolo então questiona se Jesus duvidava de sua coragem, ao que o meigo Rabi redargui afirmando:

---

28. XAVIER, Francisco Cândido. Humberto de Campos, espírito. *Palavras do infinito*. LAKE, 7ª ed. 03/2000. Capítulo 5.

> Pedro, a tua inquietação se faz credora de novos ensinamentos. A experiência te ensinará melhores conclusões, porque, em verdade, te afirmo que esta noite o galo não cantará sem que me tenhas negado por três vezes. Julgai-me então, um espírito mau e endurecido a esse ponto? Indagou o pescador, sentindo-se ofendido. Não, Pedro - adiantou o Mestre, com doçura -, não te suponho ingrato ou indiferente aos meus ensinos. Mas vais aprender, ainda hoje, que o homem do mundo é mais frágil do que perverso.[29]

E ocorreu que após Jesus se entregar sem resistências aos soldados e ser levado ao cárcere ignominioso, seus discípulos fugiram e Pedro e João decidiram seguir o Mestre, porém de longe. Passado algum tempo, ao identificar que Jesus fora levado à residência de Caifás, onde foi recolhido numa cela úmida, João delibera voltar a Betânia, junto a Maria de Nazaré para informar a ela os últimos acontecimentos e Pedro se mistura à aglomeração. Durante o período em que lá permaneceu, por três vezes foi indagado se conhecia Jesus, se era um dos discípulos, um dos amigos de Jesus e em todas as vezes negou o fato, falhando no testemunho. Ao término da terceira negação o galo passa a cantar, fazendo o discípulo cair em si.

---

29. XAVIER, Francisco Cândido. Humberto de Campos, espírito. *Boa nova.* FEB, 37ª ed. 04/2003. Capítulo 26.

> Logo que pronunciou sua derradeira negativa, os galos da vizinhança cantaram em vozes estridentes, anunciando a madrugada. Pedro recordou as palavras do Mestre e sentiu-se perturbado por infinita angústia. Levantou-se cambaleante e, voltando-se instintivamente para a cela em que o Mestre se achava prisioneiro, viu o semblante sereno de Jesus a contemplá-lo através das grades singelas e generosas. Figurou-se-lhe que o Mestre vinha vê-lo, em espírito, na solidão da noite, trazendo nos lábios aquele mesmo sorriso sereno de todos os dias. Ante a emoção confortadora e divina, Pedro ajoelhou-se e murmurou: Senhor, perdoai-me!
>
> ... Preso de indizível remorso, o apóstolo retirou-se, envergonhado de si mesmo. Dando alguns passos, alcançou os muros exteriores, onde se deteve a chorar amargamente...[30]

No entanto, após este episódio tão doloroso da prisão e morte de Jesus, Pedro, diferente de Judas, procurou o caminho para a própria reabilitação espiritual. Ciente de seu erro, percebendo sua pequenez, passou a compreender melhor a fragilidade humana. Aproximou-se dos sofredores, fez-se um verdadeiro pai daqueles que haviam perdido a esperança e se encontravam sozinhos no mun-

30. XAVIER, Francisco Cândido. Humberto de Campos, espírito. *Boa nova.* FEB – 37ª ed. 04/2003. Capítulo 26.

do. Com o apoio dos amigos mais próximos edificou a Casa do Caminho e lá se fez o maior, sendo o servidor de todos. Em lágrimas acolhia os filhos do infortúnio e as mulheres desviadas do caminho e seu coração encontrou a paz, sua consciência liberou-o do erro da traição, chegando ele mesmo mais tarde a afirmar: *O amor cobre a multidão de nossos pecados* (1ª carta de Pedro).

Somente o amor pode propiciar a paz de espírito e a harmonia que tanto almejamos.

Coloquemos este sentimento por excelência em prática, na ação do bem, no perdão sincero ao próximo reconhecendo nossa própria fragilidade, no autoperdão - identificando nosso tormento e convertendo-o em virtude - o que nos reabilitará perante a vida!

Capítulo 27

POR QUE ME SINTO SOLITÁRIO?

Tendo-as despedido, subiu ao monte para orar à parte. Ao anoitecer, estava ali sozinho.
Mateus 14:23

A SOLIDÃO REFLETE um estado íntimo de isolamento gerado ao longo do tempo pelas nossas atitudes egoístas. Vai distanciando-se o indivíduo de seu próximo fechando-se em si mesmo, seja para supostamente não se desiludir, não sofrer decepções, não enfrentar a vida e não ter problemas de quaisquer naturezas, que, sem dar-se conta, precipita-se no tormento da solidão.

O espírito Joanna de Ângelis, através de Divaldo Franco afirma:

> O homem solitário, todo aquele que se diz em solidão, exceto nos casos patológicos, é alguém que se

> receia encontrar, que evita descobrir-se, conhecer-se, assim ocultando a sua identidade na aparência de infeliz, de incompreendido e abandonado.[31]

Analisemos um caso baseado em fatos reais, sem a citação de locais e nomes verdadeiros para preservar as pessoas envolvidas:

Dona Antônia, senhora nonagenária, residente num asilo para idosos, comentava sobre sua vida de desilusões. Quando ainda na fase da madureza, morava em um sítio no interior de São Paulo e recebera das mãos de um casal vizinho de sua propriedade, uma menina em torno de cinco anos de idade que chamaremos de Mariana, para que ela cuidasse. A criança não tinha pais e seus avós, sem condições orgânicas e financeiras, confiaram a pequena a Antônia.

Após um ano de dedicação, dona Antônia recebeu a visita de um irmão que percebeu que Mariana brincava com a boneca de sua filha e que certamente aquela criança que agora tinha seis anos de idade deveria tê-la roubado, sendo assim um ser de má índole.

Dona Antônia sem pestanejar levou Mariana de volta para seus avós, alegando que aquela criança não poderia mais viver numa família honrada como a sua. O ano de carinho e ingenuidade demonstrados pela

---

31. FRANCO, Divaldo P., Joanna de Ângelis, espírito. *O homem integral*. LEAL, 13ª ed. 2001. Capítulo 5, pág. 30.

pequenina não fora suficiente para que esta ocorrência fosse superada. O tempo passa. Após dez anos aproximadamente dona Antônia recebe uma visita que a surpreende...era Mariana, já adolescente, que trazia agora em seus braços uma filha recém-nascida, fruto de uma paixão juvenil. Abandonada pelo jovem que não soube assumir a responsabilidade da paternidade, rogava à dona Antônia que permitisse recebê-la em sua casa juntamente com sua filha, pois não tinha para onde ir... Dona Antônia permitiu que ela pernoitasse em sua casa, mas, na manhã seguinte, logo após o café da manhã, informa a Mariana que ela e sua filhinha deveriam ir embora, que não as acolheria. Novamente o tempo passa...

Vamos encontrar agora dona Antônia, na atualidade, em uma cadeira de rodas, residindo num lar de caridade, com a cabeleira alva e a pele enrugada pelo tempo a refletir após contar sua história de vida: será que eu estaria aqui se tivesse aceitado a menina Mariana em meu lar? Acredito que ela cuidaria de mim hoje e eu não estaria tão sozinha...

Joanna de Ângelis assevera *que o homem solidário, jamais se encontra solitário.*[32]

Mesmo que vivamos sozinhos, que não tenhamos casado e constituído a família tradicional, com filhos e

32. *Idem.*

netos, podemos nos sentir repletos desde que vejamos o próximo como nosso familiar, como um efetivo irmão.

O trabalho no bem junto ao necessitado nos oferece o convívio fraterno que aquece a alma, reaviva o ânimo e harmoniza o ser, fazendo nos sentirmos úteis.

Se estivermos nos sentindo sós, busquemos a ação benevolente junto àqueles que estão muitas vezes esquecidos por suas famílias e relegados ao abandono do mundo, mas nunca de Deus. Sejamos o instrumento para aliviá-los na dor e na perturbação. Sempre há onde auxiliar, seja num asilo de idosos, num lar de crianças, junto aos enfermos num hospital, um necessitado em nosso próprio lar...

Várias vezes encontramos nos relatos da Boa Nova a afirmação de que Jesus se retirava para orar sozinho no monte. Paulo de Tarso, logo após a conversão nas estradas de Damasco retirou-se para o deserto, fixando-se no oásis de Dan para meditar na mensagem renovadora do evangelho.[33]

Nós também temos, de quando em quando, a necessidade de fazer silêncio interior, nos aquietar intimamente para meditar, refletir nos ensinamentos que a vida tem nos proporcionado, analisar nossos sentimentos mais íntimos. No entanto, nesta busca não estaremos solitários, mas sim em contato muito próximo com a es-

33. *Paulo e Estêvão*, 2ª parte, capítulos 1 e 2, espírito Emmanuel, psicografia Chico Xavier.

piritualidade amiga, em conversação com nosso mentor espiritual, recebendo as energias e vibrações de Jesus a fim de nos abastecer para os importantes trabalhos e desafios da existência.

Capítulo 28

CONVERTENDO TRISTEZA EM ALEGRIA

Mas deliberei isto comigo mesmo: não ir mais ter convosco em tristeza.

2ª Epístola aos coríntios, 2:1

NOSSO MUNDO AINDA não é um lugar de alegrias sem máculas. Em meio aos quadros de beleza e luz, ainda existem na Terra cenas difíceis e episódios que geram dor e sofrer em nosso ser.

Se não conhecemos as causas dessas dores e sofrimentos, não conseguimos ser resignados perante as provas e passamos a sofrer duplamente, pela dor em si e por não entendê-la.

Neste abatimento moral, pela onda mental morbífica que nutrimos, nos envolvemos com energias malsãs. Enfraquecidos espiritual e fisicamente passamos a ver com pessimismo os quadros à nossa volta; tudo se dificulta, a esperança se fragiliza, a dor parece não findar mais....

O espírito Emmanuel afirma através de Chico Xavier que *a felicidade não entra em portas trancadas*[34] e certa vez, quando Chico passou por uma provação muito difícil pediu a ele, Emmanuel, que pudesse ser confortado através de uma orientação de Maria de Nazaré, mãe de Jesus:

> Alguns dias se passaram, quando o espírito Emmanuel lhe disse que o generoso espírito Maria havia atendido ao seu pedido, enviando-lhe a seguinte frase: Isso também passa.
>
> A frase foi para mim como anestesia sobre uma dor imensa, disse-nos o Chico. Fez-me tanto bem que a escrevi num papel e o coloquei sobre a cabeceira de minha cama. Todas as noites e todas as manhãs eu lia, sentindo grande consolo.
>
> Certo dia, um amigo ao entrar em meu quarto, achou a frase muito interessante, e disse:
>
> – Chico vou fazer o mesmo; colocar esta frase sobre a cabeceira de minha cama.
>
> – Faça isso mesmo, meu filho, mas não se esqueça de que o espírito Emmanuel também me disse

34. XAVIER, Francisco Cândido. Emmanuel, espírito. *Livro de respostas*. CEU – 11ª ed. 05/2008. Capítulo 40.

> que ela serve tanto para os momentos tristes, como para os momentos alegres.[35]

Eis o ciclo da vida.

Ao destrancar as portas que estão fechadas em nosso íntimo de sombras, com a chave de luz do evangelho, passamos a vivenciar a verdadeira felicidade.

Já nos perguntamos com sinceridade: por que me sinto triste?

Se a resposta se referir à incompreensão dos seres mais caros ao nosso coração, permanecer assim não fará com que haja o entendimento alheio.

Se a questão for um revés no campo profissional, a tristeza somente retardará uma nova oportunidade de êxito.

Se falhamos moralmente, remoer o erro fará com que caiamos nas garras do remorso, que, diferentemente do arrependimento, nos manterá no fundo do poço, adiando nosso projeto de luz.

Caso a doença tenha chegado, a tristeza somente abalará ainda mais nosso sistema imunológico, enfraquecendo-nos para a devida terapêutica renovadora.

Se a dor for num ser querido, ficar triste próximo a ele fará com que suas resistências emocionais sejam ainda mais abaladas.

---

35. SILVEIRA, Adelino da. *Kardec prossegue*, capítulo "Casos", item "Isso também passa". Editora CEU - 1ª Edição - 1991

Desencarnação ocorrida? As vibrações que emitimos chegam vivas ao ente estimado, fazendo-o perder sua harmonia...

A manifestação da tristeza compele, ao espírito comprometido em renovar-se, ao trabalho de mudança interior.

Identificando a causa, de forma sincera, deverá trabalhar na construção do valor espiritual que restitua a alegria de viver.

Fé, paciência, perseverança, indulgência, desapego, humildade, simplicidade, entendimento e respeito pelas opções de nosso próximo são alguns valores que somos convidados a operar quando nos advém a tristeza. Junto a isto, ocuparmos a nossa mente com o trabalho, que é toda ocupação útil, conforme *O Livro dos Espíritos* em sua pergunta 675, não permitindo ociosidade mental, caminho aberto às interferências espirituais de natureza perturbadora.

A nobre benfeitora Joanna de Ângelis nos conclama a não nos retermos a este estado:

> A tristeza é mensageira de sofrimento. Não te prendas a ela, nem te permitas contaminar pelos seus miasmas.
>
> É certo, que nem todos os dias são claros e ricos de alegria.
>
> Há ocasiões em que o sofrimento parece domi-

> nar os quadros da tua atividade. No entanto, examinadas as dificuldades e sentidas as dores, faze sol íntimo, afugentando a tristeza da tua mente, a fim de que mais facilmente superes os acontecimentos provacionais.
>
> O cultivo da tristeza abre campo a várias enfermidades da mente, da emoção e do corpo.[36]

Recordemos o apóstolo Paulo, quando escreveu sua segunda carta aos coríntios e se predispôs a não ir mais visitar seus irmãos de Corinto em tristeza e também adotemos esta resolução, a de empreender todo empenho, todo esforço e vontade em não nos manter nas sintonias baixas da tristeza.

36. FRANCO, Divaldo P., Joanna de Ângelis, espírito. *Vida feliz*. LEAL, 4ª ed. 1994, capítulo CVI, pág. 114.

Capítulo 29

NAS ILUSÕES DA VAIDADE

Quando, pois, deres esmola, não faças tocar trombeta diante de ti, como fazem os hipócritas nas sinagogas e nas ruas, para serem glorificados pelos homens. Em verdade vos digo que já receberam a sua recompensa.

Mateus, 6:2

FILHA DO ORGULHO, a vaidade caracteriza-se pelo imoderado desejo que possui o indivíduo de chamar a atenção para si, para seus valores e predicados.

Quando seus supostos dotes não são notados ou valorizados, passa à frustração, desaguando não raramente para o melindre, irritação, abatimento...

Para identificá-la na intimidade, façamos um exercício de reflexão, analisando se as situações a seguir acionam-nos este ponto vulnerável:

- Um trabalho executado por nós, com dedicação, não é valorizado pela nossa chefia.
- Outro profissional recebe um elogio e nada falam a nosso respeito.
- Vamos ao salão de beleza e nosso cônjuge não nota a mudança efetuada.
- Nossa opinião não é acatada ou é desconsiderada em determinada questão.
- Ao adquirirmos um veículo novo, ou imóvel, ou equipamento tecnológico de ponta, sentimos a necessidade de informar aos outros?
- Se faço um trabalho no bem, sem testemunhas, me sinto ansioso para contar a terceiros o sucesso obtido?
- Se compareço a uma reunião ou festividade, familiar ou pública, procuro ficar em evidência para ser reconhecido?

Se nestas reflexões ou em outras que poderemos desenvolver constatarmos o acionamento da vaidade, trabalhemos as virtudes da simplicidade, da modéstia e da humildade, que nos trarão paz de espírito e serenidade interior.

Quanta harmonia teremos se não precisarmos criar falsas necessidades para ficar em evidência?

Quantas dívidas evitaremos se não precisarmos comprar coisas para manter uma falsa aparência de superioridade?

A vitória sobre este tormento auxiliará na construção do homem de bem que tanto almejamos.

Esta nova conduta moral deverá ser construída, no entanto. O trabalho no bem será o mantenedor de um novo pensamento evangelizado. Através das visitas aos lares em dificuldade, das conversas junto aos idosos, no auxílio aos enfermos, sentiremos o quanto é transitória a riqueza, a beleza do corpo, o poder, a saúde na Terra.

Exercitemos pequenas atitudes no bem para aqueles que não podem nos retribuir, auxiliemos de forma anônima os impossibilitados de qualquer restituição e aproveitemos a energia da gratidão apenas. Essa a verdadeira recompensa, como bem explicou Jesus ao observar como faziam:

> ... Os hipócritas nas sinagogas e nas ruas, para serem glorificados pelos homens. Em verdade vos digo que já receberam a sua recompensa.

Tudo o que é ilusão cedo ou tarde acabará por ceder.

Os falsos valores cairão do pedestal que erigimos em solo arenoso e somente permanecerão o que os ladrões não roubam e o que a ferrugem e as traças não consomem, que são os nossos nobres valores espirituais, por serem conquistas imperecíveis do espírito.

Capítulo 30

A VIOLÊNCIA QUE AINDA PERSISTE

Então Simão Pedro, que tinha uma espada,
desembainhou-a e feriu o servo do sumo sacerdote,
cortando-lhe a orelha direita. O nome do servo era Malco.
João, 18:10

A VIOLÊNCIA QUE tanto se evidencia nos dias atuais reflete apenas a violência interna que ainda persiste no espírito humano, sua herança primitiva.

De um lado, poderemos percebê-la em ações coletivas, como nas guerras entre nações que explodem mundo afora, nas lutas pelo poder político e religioso de natureza transitória, entre facções rivais pelo comando do tráfico de drogas, em manifestações populares que poderiam ser pacíficas, com a falsa desculpa de melhor e mais rapidamente despertar mudanças.

Por outro lado, campeia em caráter individual, onde se levanta alguém para fazer justiça com as próprias mãos, nos crimes ocultos efetivados a troco de migalhas, no trânsito caótico das grandes metrópoles, nas calamidades familiares...

A violência, marcada pela agressividade e cólera, denota doente vibração que desestabiliza toda a estrutura orgânica e espiritual do indivíduo. Nos chamados acessos de cólera, chega-se a ponto da perda total do controle, culminando em ofensas, agressões e crimes de variada natureza.

Compatíveis à esta vibração encontramos as sintonias espirituais correspondentes, que neste caso se caracterizam de natureza extremamente perturbadora.

Seja através de atitudes, palavras e/ou pensamentos, será sempre importante identificar as situações que ainda a despertam e alimentam em nossa intimidade, uma vez que poderá ser acionada quando somos contrariados em nossos pontos de vista ou em nossos desejos, quando nossa autoridade é contestada e nosso poder questionado, quando nossos recursos materiais são ameaçados...

O espírito André Luiz, através de Waldo Vieira nos aconselha a:

> [...] calar todo impulso de cólera ou violência, amoldando-se ao Evangelho de modo a estabelecer

> a harmonia em si mesmo perante os outros. A humildade constrói para a Vida Eterna.[37]

Jesus, o Divino amigo, nos ofereceu a sua bandeira de paz e brandura exemplificando-a nos momentos mais difíceis, inclusive quando foi abordado pelos soldados que o levariam preso e posteriormente crucificado.

Sabedor que era de que a violência somente alimenta a violência, recomendou a Pedro para que guardasse a espada, confiando sua proteção unicamente a Deus, que é todo justiça e bondade.

O mesmo benfeitor André Luiz, agora através de Chico Xavier alerta:

> Experimente humildade e silêncio, toda vez que a violência ou a irritação apareçam em sua área.[38]

Nos graves momentos de provas e expiações, quando somos testados em nosso orgulho e desejos, guardemos as espadas das ações violentas, da língua que fere e mata, dos pensamentos que emitem vibrações aniquiladoras e depositemos em Jesus os nossos votos de confiança plena, confiando sempre nos desígnios do Senhor, para que alcancemos a necessária paz.

FIM

---

37. XAVIER, Francisco Cândido. André Luiz, espírito. *Conduta espírita*. FEB, 31ª ed. 05/2008. Capítulo 5.
38. XAVIER, Francisco Cândido. Espíritos diversos. *Coragem*. Editora CEC. Capítulo 15.

BIBLIOGRAFIA

AMUI, Alzira Bessa França. VARANDA, Luciano S., *Novo caminho a seguir*. Editora Esperança e Caridade. Sacramento-MG. 1ª ed. 2012.

FRANCO, Divaldo P., Joanna de Ângelis, espírito. *Conflitos existenciais*. LEAL, 6ª ed. 2014.

________, *O homem integral*. LEAL, 13ª ed. 2001.

________, *O ser consciente*; LEAL, 16ª ed. 2014.

________, *Autodescobrimento - Uma busca interior*. LEAL, 16ª ed. - 2008.

________, *Jesus e atualidade*. Pensamento, 7ª ed. 2003.

________, *Jesus e o evangelho à luz da psicologia profunda*. LEAL, 5ª ed. 2014.

________, *Leis morais da vida*. LEAL, 15ª ed. 2014.

________, *Vida: desafios e soluções*. LEAL, 7ª ed. 2003.

________, *Vida feliz*. LEAL, 4ª ed. 1994.

KARDEC, Allan. *O Livro dos Espíritos*. FEB, 93ª ed., 3ª reimp. (Edição Histórica) 2017.

_______, *O Evangelho segundo o Espiritismo*. FEB 131ª ed., 7ª reimp. (Edição Histórica) 2016.

NOVO TESTAMENTO (O), FEB, 1ª ed., 1ª reimp., tradução do grego para o português Haroldo Dutra Dias. 2013.

SILVEIRA, Adelino da. *Kardec prossegue*. Editora CEU, 1ª ed. 1991

XAVIER, Francisco Cândido. André Luiz, espírito. *Conduta espírita*. FEB, 31ª ed. 2008.

_______, *Evolução em dois mundos*. FEB, 27ª ed. 2015.

_______, *Respostas da vida*. IDEAL.

_______, Emmanuel, espírito. *Entender conversando*. IDE Editora, 9ª ed. 2005.

_______, *Livro de respostas*. CEU, 11ª ed. 2008.

_______, *Neste instante*. GEEM, São Bernardo do Campo-SP.

_______, *O Consolador*. FEB, 16ª ed. 1993.

_______, *Paulo e Estêvão*. FEB, 45ª ed. 2014.

_______, Espíritos diversos. *Coragem*. CEC, 28ª ed. 1998.

_______, Humberto de Campos, espírito. *Boa Nova*. FEB, 37ª ed. 2003.

_______, *Palavras do infinito*. LAKE, 7ª ed. 2000.

CONHEÇA TAMBÉM

Memórias do padre Germano

Amália Domingo Sóler (organizadora)

Romance mediúnico • 15,5x22,5 cm • 368 pp.

Inspirador e comovente, *Memórias do padre Germano* é o inestimável diário de um sacerdote que soube honrar sua missão na Terra, servindo, em nome de Deus, a todos aqueles que cruzaram seu caminho.

Às portas da regeneração

Juliano P. Fagundes

Estudo • 15x22,5 cm • 272 páginas

Os assuntos sobre o nosso futuro apresentados neste livro falam de possibilidades, já que a humanidade ainda tem diversos problemas a resolver. O que significa que ainda podemos todos ser parte da solução.

O cristianismo nos romances de Emmanuel

Donizete Pinheiro

Estudo • 15,5x22,5 cm • 320 pp.

Donizete Pinheiro reúne as informações de Emmanuel colhidas na espiritualidade e acrescidas de suas próprias experiências narradas em seus romances históricos, permitindo uma ampla compreensão das origens do cristianismo, bem como as lutas dos cristãos primitivos que garantiram a subsistência da Boa Nova até a chegada do espiritismo.

CONHEÇA TAMBÉM

Confia e segue

César Crispiniano • Blandina (espírito)

Mensagens mediúnicas • 10x14 cm • 144 pp.

Confia e segue é um livro composto de mensagens simples e diretas com a finalidade de impactar nossa vida e nossas atitudes.

São textos que certamente irão tocar seu coração, ideais para leitura diária: você escolhe um texto e ele certamente servirá para boas reflexões ao longo do seu dia.

Histórias reais e reflexões

Waldenir Aparecido Cuin

Relatos • 14x21 cm • 216 pp.

O autor reúne histórias verdadeiras vivenciadas por ele, em suas experiências de vida, no centro espírita que frequenta, nos trabalhos de atendimento fraterno aos espíritos, na creche onde participou como trabalhador voluntário e até na vida cotidiana para, assim, trazer à tona ensinamentos significativos através de uma leitura leve e prazerosa.

O ódio e o tempo

Ricardo Orestes Forni

Romance espírita • 15,5x22,5 cm • 256 pp.

Quando ferimos, esquecemos. Aqueles a quem prejudicamos, se não nos perdoarem, voltam para nos cobrar. Foi assim com Álvaro: um seu desafeto do passado retorna. Devido a sua invigilância, Álvaro permite que o desequilíbrio emocional se instale em seu ser. E uma sucessão de erros de sua parte o coloca em perigo...

CONHEÇA TAMBÉM

Peça e receba – o Universo conspira a seu favor

José Lázaro Boberg

Estudo • 16x22,5 cm • 248 pp.

José Lázaro Boberg reflete sobre a força do pensamento, com base nos estudos desenvolvidos pelos físicos quânticos, que trouxeram um volume extraordinário de ensinamentos a respeito da capacidade que cada ser tem de construir sua própria vida, amparando-se nas Leis do Universo.

Getúlio Vargas em dois mundos

Wanda A. Canutti • Eça de Queirós (espírito)

Romance mediúnico • 16x22,5 cm • 344 pp.

Getúlio Vargas realmente suicidou-se? Como foi sua recepção no mundo espiritual? Qual o conteúdo da nova carta à nação, escrita após sua desencarnação? Saiba as respostas para estas e outras perguntas, agora em uma nova edição, com nova capa, novo formato e novo projeto gráfico.

A vingança do judeu

Vera Kryzhanovskaia • J. W. Rochester (espírito)

Romance mediúnico • 16x22,5 cm • 424 pp.

O clássico romance de Rochester agora pela EME, com nova tradução, retrata em cativante história de amor e ódio, os terríveis fatos causados pelos preconceitos de raça, classe social e fortuna e mostra ao leitor a influência benéfica exercida pelo espiritismo sobre a sociedade.

Não encontrando os livros da **EME** na livraria de sua preferência,
solicite o endereço de nosso distribuidor mais próximo de você através de
Fones: (19) 3491-7000 / 3491-5449
(claro) 9 9317-2800 (vivo) 9 9983-2575
E-mail: vendas@editoraeme.com.br – Site: www.editoraeme.com.br

Este livro foi impresso na Editora EME, sendo tiradas duas mil cópias, todas em formato fechado 140x210mm e com mancha de 100x160mm. Os textos foram compostos na fonte Book Antiqua e os títulos em Justus.

de 2021